Christiane Lutz

MACHT UND MUT, WISSEN UND WEISHEIT

Die nordische Mythologie mit C. G. Jung lesen

opus magnum

Bibliografische Informationen der Deutschen Nationalbibliothek
Die Deutsche Nationalbibliothek verzeichnet diese Publikation in der
Deutschen Nationalbibliografie; detaillierte bibliografische Daten sind
im Internet unter http://dnb.d-nb.de abrufbar.

1. Auflage 2022
© 2022 by opus magnum, Stuttgart (www.opus-magnum.de)
Umschlaggestaltung, Grafik und Layout: Dominik Lutz
Titelbild: „Die Nornen Urd, Werdanda und Skuld unter der
Weltenesche Yggdrasil von Ludwig Burger in Wägner, Wilhelm.
Nordisch-germanische Götter und Helden. (1882). Otto Spamer,
Leipzig & Berlin, S. 231.

Herstellung: Books on Demand GmbH, Norderstedt
Alle Rechte vorbehalten.

ISBN 978-3-95612-040-4

INHALT

1.

Die Zeit, Geheimnis und Offenbarung   9

Die Bedeutung der Zeit aus philosophischem
Blickwinkel   10

Freizeit und freie Zeit   12

Die Nornen   14

Die Walküren   18

2.

Das Urprinzip von Chaos und Ordnung   **20**

Die archaische Gegensatzthematik   21

     Die neun Welten   21

Die Urphänomene. Der Riese Ymir und die
Kuh Autumbla   24

Die Erschaffung der Welt durch Odin,
Wili und We   26

C. G. Jung und sein geistiger Schöpfungsakt   28

Exkurs: Kinder und Bindung aus der
Perspektive der Analytischen Psychologie   29

3.

Die Archetypenlehre C. G. Jungs   **33**

Der Archetyp des Männlichen   34

Der Archetyp des Weiblichen   35

Die inneren geschlechtsspezifischen Bilder
als archetypische Repräsentanten   36

Die Auseinandersetzung mit dem Schatten   37

Der Umgang mit archetypischen
Manifestationen   39

4.

Die Themen der nordischen Mythen   **42**

Die symbolische Bedeutung des männlichen
und weiblichen Prinzips   43

Die symbolische Bedeutung der Zahlen   44

Exkurs: Der Mensch im Dreigestirn von
Vergangenheit, Gegenwart und Zukunft   49

5.

Die Weltesche Yggdrasil   **54**

Basis und Wurzeln der Weltesche, das in die
Tiefe führende Prinzip: Die Introversion.   56

Die Spitze der Weltesche, das in die Weite
weisende Prinzip: die Extraversion.   57

Das verbindende Prinzip in seinen
gegenläufigen Aspekten   59

Exkurs: Das Wesen des Rätsels   62

6.

**Nordischen Mythen- Geschichten
hochambivalenter Beziehungen**   **67**

Die Riesen, die komplexen Möglichkeiten
des Bewusstseins   67

    Der Bau der Zyklopenmauer   69

Exkurs: Die Riesen unserer Zeit   72

Die Komplextheorie von C. G. Jung   74

Die Zwerge, die bewusstseinsfernen
Möglichkeiten   77

Die Symbolik der Zwerge   78

Die Bildersprache der Zwerge in Literatur
und Poesie   81

Der mythische Hintergrund   82

Exkurs: Haben und Sein   85

7.

Die Ichfunktionen   **88**

Die rationalen Funktionen: Denken und
Fühlen   90

Die wahrnehmenden Funktionen:
Intuition und Empfindung   93

Exkurs: Das Ich im Konflikt zwischen
Schein und Sein   97

8.

Die germanischen Götter   **100**

Odin, der oberste Gott   102

    Odin und der Gewinn des Dichtermets   106

Exkurs: Machtbedürfnis und Solidarität   114

Loki, Blutsbruder und Gegenspieler
der Götter   117

Der Trixter, eine archetypische Gestalt   125

Exkurs: Das Wesen der Wahrheit   126

Lokis Kinder   128

Die Wahrnehmung des Schattens   135

Thor, das „Original und Kraftgenie"   136

Exkurs: Tatkraft und Einfühlungsbereitschaft,
eine notwendige Verbindung   143

Heimdall, der Unbestechliche   145

Exkurs: Vom Wert der alten Tugenden   151

Freyr, der Lichtbringer   153

Exkurs: Der Umgang mit Pflicht und
Verpflichtung als kollektive Aufgabe   162

Tyr, der rechte und gerechte Kämpfer   163

Exkurs: Täter und Opfer   166

Hönir, der Schnelle und Schweigsame   168

Exkurs: Vom Wesen der Seele   170

Baldur, der makellose Gott 172
Exkurs: Mütter und Söhne und die
triangulierende Drei 174
Njörd, der Reiche mit den schönen Füßen 177
Exkurs: Die Sehnsucht, zu überdauern 180
Bragi, der Alte Weise 181
Exkurs: „Werdet wie die Kinder" 183

9.

Die Göttinnen in der Nordischen Mythologie **185**
Freya, Göttin der Schönheit und der Liebe 186
Exkurs: C. G. Jung und das Selbst 192
Idun, die ewige Jugend verheißende Göttin 193
Exkurs: Unersättlichkeit, Jugendwahn
und Jugendfrische 198
Frigg, die treu sorgende Mutter 200
Exkurs: Von Scham, Schuld und Schuldgefühl 213

10.

Götterdämmerung **215**
Kampf der Götter gegen die Riesen 217
Auferstehung. Ein neues Leben beginnt 218
Exkurs: Endzeitstimmung, Verzicht und
Hoffnung, Aufbruch in die Freiheit 220

Literatur **224**

Motto

Das Wissen bereichert uns nicht, sondern entfernt uns mehr und mehr von der mythischen Welt, in der wir einst heimatberechtigt waren.

(Jaffé/Jung 1984, S. 256 ff.)

1.
Die Zeit, Geheimnis und Offenbarung

„Die Götter sterben nie, doch alles andre stürzt die Allgewalt der Zeit" (Sophokles, 1954, S. 35).

Aus mythischer Perspektive sind Götter immer gegenwärtig. Mit ihnen sind Erfahrungen, Erlebnisse und Erkenntnisse verbunden, die heute noch in gleicher Gültigkeit wirksam sind, wie vor Tausenden von Jahren. C. G. Jung wies immer wieder auf ihre Zeitlosigkeit hin, die sich unabhängig von Ländern und kulturellen Prägungen zeigt.

„Flüchtiger als Wind und Welle flieht die Zeit; was hält sie auf? Sie genießen auf der Stelle, sie ergreifen schnell im Lauf" (Herder, 1844, S. 78).

Der Dichter betont den Aspekt der Gegenwart. Der „Genuss auf der Stelle" erlaubt Gegenwart. Und nicht nur diese, sondern eine Möglichkeit der Selbstvergessenheit. Es ist ein Erhaschen des Augenblickes und der Versuch, ihm im Moment des Genusses Dauer zu verleihen.
Wenn Goethes Faust zunächst das Glück der Gegenwart im Rausch der ständigen Abwechslung sucht, muss er atemlos von Genuss zu Genuss, von Erlebnis zu Erlebnis getrieben, süchtig suchen, ohne die Gegenwart zu genießen. Er kann nicht kontemplativ verweilen und damit dem Augenblick, der durch keinen Anspruch auf Dauer festhalten zu wollen, beeinträchtigt wird, sondern hastet atemlos weiter, getrieben von der flüchtigen Zeit, die ihm im nächsten Moment Glück zu versprechen scheint.

Goethes Faust ist für dieses rastlose Eilen ein klassisches Beispiel: Erst im Angesicht des Todes, als das Drängen der Zeit ein Ende gefunden hat, kann er den Augenblick mit den Worten „verweile doch, du bist so schön" genießen. So befreit er sich in die Zeitlosigkeit oder – mit anderen Worten – in die Ewigkeit.

Die Bedeutung der Zeit aus philosophischem Blickwinkel

Ist es die statische, immer wiederkehrende Zeitmessung, oder ist die Zeit eine fließende Bewegung, die Altes immer neu erfahrbar macht? Umschließt damit das Moment der Zeit Erfahrungen und Werte ewiger Gültigkeit? Ist damit Zeitlosigkeit Ewigkeit?

Ist es das, was die hochbegabte Caroline von Humboldt in wenigen Worten zusammenfasst:

„Fest und unwandelbar steht eigentlich nur die Zeit. Denn die Zeit ist Ewigkeit, und an ihr bricht sich das wogende Leben, das Wollen, das Vermögen der Geschlechter und der Nationen!" (v. Gersdorff, 2012, S. 206)

Marc Aurel betont stärker den Aspekt der Vergänglichkeit in seiner ständigen Wiederholung: „Ein Fluss, der aus dem Werdenden hervorgeht, ein reißender Strom ist die Zeit. Kaum war jegliches Ding zum Vorschein gekommen, so ist es schon wieder weggeführt, ein anderes herbeigetragen, aber auch das wird weggeschwemmt werden."

Und an anderer Stelle: „Welches kleine Teilchen der unendlichen und unermesslichen Zeit ist jedem von uns zugemessen. Und wie schnell wird es wieder von der Ewigkeit verschlungen" (Marc Aurel, 2014).

Individuelle Zeit und persönliche Lebenszeit stehen der Ewigkeit als Zeitlosigkeit, die alles überdauert, gegenüber. In der Ewigkeit gibt es keinen Anfang und kein Ende, sondern nur die ewige Wiederholung des Seins. Augustinus hat Ewigkeit als eine Einheit beschrieben; etwas, was nicht vergeht, „die Stetigkeit der Gegenwart" (Augustinus in Safranski, 2015, S. 135). Aus dieser Perspektive könnte die Gegenwart auch als eine kleine Ewigkeit bezeichnet werden.

In negativer Konotierung mag der Seufzer, „ich warte schon eine Ewigkeit," oder „das dauert eine Ewigkeit" auch auf die fehlende Akzeptanz hinsichtlich eines strukturierten Zeitablauf hinweisen. Damit wird aber auch unsere Rastlosigkeit sichtbar nach dem Motto, nutze den Tag, verschwende deine Zeit nicht mit unnützen Dingen. Aber was ist wirklich nützlich? Geht es ausschließlich um Aktivität und rastlose Tätigkeit, oder ist in gleicher Weise ein kontemplatives Sein gemeint? Träumend sich auf die ewige Wiederholung der Zeit in ihren sich gleichenden und sich unterscheidenden Facetten einzulassen, mag dem eigenen individuellen Leben einen Sinn aus anderer Perspektive geben.

Zeitlosigkeit wird dann erlebt, wenn man sich in Hingabe und Begeisterung in etwas vertieft. Sei es eine Tätigkeit, die Entwicklung eines Gedankens oder ein kreatives Tun. Genau dann ist Gegenwart Zeitlosigkeit. Die vielen kleinen Augenblicke der Gegenwart reihen sich zur Unendlichkeit. Hugo von Hofmannsthal drückt es so aus: „In einem bezauberten Augenblick ist [dem Menschen] alles gleich nah, alles gleich fern: denn er fühlt zu allem einen Bezug. Er hat nichts an die Vergangenheit verloren, nichts hat ihm die Zukunft zu bringen. Er ist für einen bezauberten Augenblick der Überwinder der Zeit". (Safranski, 2015, S. 234.)

Freizeit und freie Zeit

Sollte man nicht angesichts einer solchen Betrachtungsweise den Begriff der Freizeit neu definieren? Ist es nicht eines Gedankens wert, die Aussage Jean Gebsers ernst zu nehmen, der Freizeit als Ausdruck eines Freiseins von Zeit definiert? Unsere mit einer Uhr gemessene Zeit ist eine Zwangsjacke. Sich davon zu befreien, bedeutet, sich dem Reichtum des spontanen Erlebens zu überlassen. Das können Naturerlebnisse sein, sich im Augenblick der Wahrnehmung beglückt zu fühlen und so die Erhabenheit der Schöpfung in sich aufzunehmen. Im Augenblick zu verweilen, weil man der Schönheit begegnet; sei es die Schönheit eines Menschen, der Musik, eines Gedankens oder eines Kunstwerkes. Sich von der Zeit zu befreien, heißt in diesem Augenblick, sich wieder der Unendlichkeit der Zeit hinzugeben, sich an den begeisternden Augenblick zu verschenken (Gebser / Hämmerli, 2008, S. 81).

Wir suchen in unserer auf Effizienz ausgerichteten Einschätzung der Zeit nach Freizeit, die uns vom Zwang, Zeit zu nutzen, befreit, der jedoch von dem Anspruch abgelöst wird, sich in dieser Zeitfreiheit besonders gut zu unterhalten, zu erholen, zu genießen. Damit bedeutet auch die Freizeit keine Befreiung, sondern eine neue Zwangsjacke in schillernden Farben, die das Grau des Getriebenseins nur kaschiert. Die Befreiung vom Joch der Zeit könnte vielleicht Muße sein. Sie bedeutet die Hingabe an etwas, was mich begeistert und erfüllt und damit in einer irrationalen Weise Sinn stiftend für das eigene Leben ist.

Ein solcher Ansatz, das eigene Leben zu gestalten, könnte auch eine kollektive Wirksamkeit entfalten und neue Impulse setzen. Sein in scheinbarer Bedeutungslosigkeit, Verharren, statt sich in der Hektik des Tuns zu verlieren, erlaubt ein neues Empfinden. Zeitfreiheit ist immer dann spürbar, wenn die Möglichkeit besteht, sich dem Druck der Zeit zu entziehen. Das geschieht über Begeisterung. Statt eines kurzen Rausches, den die unentwegte Betriebsamkeit erzeugen kann, ist es die Präsenz von Geist, der neue Wertigkeiten in den Mittelpunkt rückt.

Auch Sein ist zwar damit begrenzt, aber im persönlichen Erleben gleichzeitig unbegrenzt. Unsere Zeiteinteilung in Stunden, Minuten und Sekunden ist eine letztlich willkürliche Strukturierung, um unser Leben überschaubar zu machen. Aber wir verlieren damit Gelassenheit und tauschen sie in Rastlosigkeit um. Die Zeit zu nützen, wird zu einem vom Überich gesteuerten Auftrag, der im Grunde angstmotiviert ist. Viel unter diesem Aspekt in die Zeit hinein zu stopfen, mag vordergründig effizient sein, aber der Gewinn ist ein materieller, kein emotionaler. Er ist damit ausfüllend, aber nicht erfüllend. Michael Ende hat dieses Phänomen in seinem Buch „Momo" überzeugend dargestellt:

Die grauen Herren, Zeitdiebe, rauben den Menschen über die Vorspiegelung, Zeit zu gewinnen und effizienter zu arbeiten, Lebenszeit. Über das hektische Streben nach Gewinn geht ihnen Lebensfreude und Lebenslust verloren. Depression breitet sich aus. Momo konnte sich in der gefühlten Zeitlosigkeit verschenken und damit Lebensgenuss, Lebensfreude und Lebenssinn vermitteln.
Es ist eine Botschaft mit archetypischem Gehalt. Die verweilende Hingabe an den Augenblick bedeutet, ein Stückchen Ewigkeit zu erhaschen.

Die Nornen

„Von dort kommen Mädchen, viel wissende
drei aus dem Wasser, das unterm Baum liegt:
Urd hieß man die eine, die andere Verdandi, –
sie ritzten ins Holz – Skuld die dritte;
sie legten Bestimmungen fest, sie wählten das Leben
den Menschenkindern, das Schicksal der Männer"
(Krause, 2018, S. 15)

Die drei Nornen sind ein Symbol und Bild für das Geheimnis der Zeit in ihrer Begrenztheit und Zeitlosigkeit. Diese drei weiblichen Wesen, alterslos in ihrer Ausstrahlung, sitzen an den Wurzeln der Weltesche Yggdrasil, dem Symbol für Sein und Leben. Ihre äußere Aufgabe ist, den Weltenbaum am Leben zu erhalten. Sie wässern ihn, um ihn vor dem Vertrocknen zu bewahren und bestreuen ihn mit Sand, um Fäulnis zu verhindern.

In den Händen halten sie den Lebensfaden. Der Mythos sieht in diesen drei weisen Frauen ein Symbol für die Zeit in ihrer Dreiheit von Vergangenheit, Gegenwart und Zukunft. In der Vergangenheit begann mit der Geburt das Leben, der Lebensfaden wurde geknüpft. Für diesen Beginn steht Urd. In ihren Händen liegt der Anfang des Lebens. Die zweite, Verdandi, spinnt den Lebensfaden. In den immer neuen Momenten der Gegenwart gestaltet sich das Leben in seiner Fülle. Skuld schließlich, die dritte der Nornen, schneidet den Faden ab. In der Zukunft wird das Leben vollendet und gleichzeitig beendet. Dieses Ende liegt jedoch im Dunkel einer noch nicht gelebten Zeit. In der germanischen Mythologie wird von gerechten und willkürlichen Haltungen der Nornen berichtet. Dem einen teilen sie ein glanzvolles Heldenleben, dem anderen ein schlichtes Sein zu. Auf der einen Seite findet der Held ein tragisches Ende, gewinnt aber einen Ehrenplatz in Walhall. Der Ruhmlose lebt hingegen lange. Er führt jedoch nachtodlich ein elendes Dasein im Schattenreich der düsteren Hel. Das Schicksal der Menschen und der Götter liegt in ihren Händen Die Überzeugung, die in den nordischen Mythen vertreten ist, sagt jedoch, dass selbst nach dem Untergang neues Leben keimen wird. Das Ende erlaubt einen neuen Anfang, so dass sich Tod und Leben, Ende und Anfang die Hand reichen und sich zu einem sinnvollen Kreis schließen.

Dass sich der Mythos der Schicksalsgöttinnen aus archetypischen Quellen speist, wird darin sichtbar, dass auch die griechische Antike dieses Bild in Gestalt der Moiren kennt: Clotho beginnt den Lebensfaden, Lachesis spinnt ihn und

Atropos schneidet den Faden ab. Bei den römischen Parzen wird eher die Unausweichlichkeit des Todes betont. Aber die Extreme berühren sich letztlich auch hier, indem der Tod wieder Raum für neues Leben schafft.

Eine Parallele findet sich in der Überzeugung der Alten Ägypter, die im Tod einen wesentlichen Wandlungsaspekt sahen, hin zu einem nachtodlichen Dasein, dem sie eine weit größere Bedeutung zumaßen als der realen Existenz. Sie wussten noch etwas von der Zusammengehörigkeit von Leben und Tod in einem ständigen Prozess von Absterben und Neuwerden; eines Vorgangs, der seine reale Entsprechung in Erfahrungen der Fruchtbarkeit seitens des Nils und Bildern der Dürre in Gestalt der Wüste findet.

Betrachten wir nochmals die drei Parzen, die Schicksalsfrauen Roms, so erschließt sich ihr Wesen und die damit verbundene Symbolik über ihre Namen: Sie heißen die Neunte, die Zehnte und die Geburtshelferin.

Zahlsymbolisch spielt die Neun auch in der germanischen Mythologie eine wichtige Rolle. Sie unterstreicht die symbolische Bedeutung im Sinne der Betonung der dreimaligen Drei als heilige Zahl.

Die göttlichen Wesen erscheinen gern in Neunergruppen. Eine Parallele dazu findet sich in den neun Musen der Antike. Ihre Zahl entspricht der Wertschätzung von Musik, Poesie und Kunst, einem Synonym für die belebende Macht von Inspiration und Kultur.

Auch in den Märchen begegnen wir immer wieder der Neunzahl bis hin zur mythischen Erzählung, des Rattenfängers von Hameln, der mit neun Tönen die Kinder bezauberte, bevor er mit ihnen im Berg verschwand. Eine besondere Qualität wird mit der Neun insofern verbunden, als sie auf den Weg zur Vollkommenheit in Gestalt der Zehn verweist. Wäre das als positiver Aspekt des Rattenfängers zu verstehen, dass er um den schützenswerten Reichtum der Kinderseelen weiß und sie vor einer materialistisch geprägten Doppelbödigkeit bewahren will? Gewinn als eine Annäherung an die Vollkommenheit, Opfer auf der anderen Seite. Beide Themen begegnen sich in der Zahlsymbolik. Vor diesem Hintergrund wird nachvollziehbar, dass diese Zahl auch bei der Heilung von Krankheiten eine Rolle spielte. Rituelles Wiederholen im Handauflegen oder Umschreiten soll zur Gesundung, das heißt zur Wiedererlangung des inneren Gleichgewichtes führen (Endres / Schimmel, 1984, S. 180ff.).

Die Zehn, als die so benannte „kleine Vollkommenheit", gewinnt durch die Zahl der Finger einen über sich hinausweisenden Gehalt.

In der Zehn symbolisiert sich eine Ganzheit auf der unser ganzes Dezimalsystem beruht. Interessant ist, dass für die Gnostiker der Mensch als ein göttliches Wesen durch die Zahl zehn umschrieben wird. Diese Zahl führt tatsächlich in ihrer Summe von $1+2+3+4$ in eine ausgewogene Harmonie. Auch das Christentum bediente sich dieser Symbolik, wenn es über die zehn Gebote und deren Einhaltung das Versprechen auf ein gerechtes Leben und ruhiges Sterben zu garantieren schien (Endres / Schimmel, 1984, S. 197).

Indem der Name der dritten Parze „die Geburtshelferin" heißt, schließt sich auch hier in der symbolischen Betrachtung des Sinngehaltes der drei weisen Frauen der Kreis zu einer Vollkommenheit, die das Geheimnis von Leben und Tod in Zeit und Ewigkeit in sich trägt.

Die Walküren

Eng verknüpft mit den Nornen sind die Walküren. Sie sind aber keine Schicksalsgöttinnen, die stumm verharren, sondern wurden als wilde kriegerische Frauen erlebt, die nicht selten wie eine Windsbraut durch die Lüfte flogen.

Sie dienten den Krieg führenden Göttern als Gehilfinnen, die nicht selten über Gewinn oder Verlust einer Schlacht wachten. In dieser Eigenschaft woben sie blutrote Leintücher. Sie bestimmten als Schicksalsgöttinnen, ähnlich wie die Nornen, die Dauer des Lebens. Allerdings handeln sie im Auftrag Odins. Er entscheidet, welcher Krieger fallen soll. Eigenmächtigkeit wurde ihnen nicht zugestanden. Sie sollten jungen kampferprobten Kriegern den Tod zuteilen, damit Odin diese in Walhall versammeln konnte, um im letzten Kampf gegen die Riesen bestmöglich gerüstet zu sein.

Dass Odin der oberste Gott und Herrscher bleibt und seine Entscheidung Gewicht hat, findet auch im Mythos von Brunhild seinen Niederschlag. Sie war Walküre und widersetzte sich dem Beschluss des Vaters Wotan-Odin, einen jungen Krieger dem Tod zu überantworten. Brunhild verlor ihre Göttlichkeit und wurde mit einem irdischen Leben an der Seite eines Mannes bestraft. Dazu gehörte auch ein Ausgeliefertsein an menschliche Gefühle wie Eifersucht, Rivalität, aber auch Leid und Schmerz. Die Tragik ihres Menschseins als Frau vollzog sich in der Begegnung mit Siegfried.

Ein weiterer Mythenzyklus berichtet von drei Walküren, die am Seeufer köstliches weißes Gewebe spinnen und dabei ihr Schwanenkleid ablegen. Drei Brüder rauben ihre Gewänder und machen sie zu ihren Frauen. Nach 9 Jahren, die möglicherweise von Odin als Strafe verhängt worden waren, kehren sie zu jenem als getreue Dienerinnen zurück. Dieses archetypische Motiv, an eine starke Vaterfigur in Ambivalenz gebunden zu sein, findet sich in zahlreichen Märchen wieder, in denen Walküren oft mit Schwanenjungfrauen gleichgesetzt werden. Es scheint, als ob auch hier ein autonomes Handeln nicht möglich ist. Die Abhängigkeit vom Vatergott tauschen sie mit Männern aus, die ihre Kleider rauben und sie damit in eine Abhängigkeit bringen, die wie eine Wiederholung ihrer primären Rolle anmutet. Zwar scheint sie ihr spinnendes und webendes Tun in die Nähe von autonomen Schicksalsgöttinnen zu rücken. Trotzdem können sie im Verständnis der nordischen Mythologie ihrer primären Bestimmung nicht entrinnen.

2.
Das Urprinzip von Chaos und Ordnung

Der Beginn des Seins ist, ähnlich wie in der Bibel, charakterisiert durch das Chaos. In der Wahrnehmung des Nordens bedeutet Chaos die „Kluft der Klüfte“. Damit wird das Abgründige im umfassenden Sinn betont. Jedes Chaos hat den Aspekt des Tohuwabohus, des völlig Ungeordneten, Unstrukturierten. Aber gerade darin liegt auch die Chance einer Neuwerdung, einer Entfaltung kreativer Möglichkeiten. Ordnung setzt Chaos voraus. Ordnung kann nur wirksam werden, wenn das Ungeordnete vorhanden ist. Von daher ist jedes strukturierende Element auf das Ungeordnete angewiesen. Nur so kann Neues entstehen. Leben und Weiterentwicklung braucht also das Chaos. Die Überwindung chaotischer Zustände fordert die dynamische Ordnung. In alten überlebten Strukturen zu verharren, bedeutet das Absterben kreativer Kräfte. Lauxmann formuliert es so: „Die Ordnung verzehrt das Chaos und verhungert, wenn sie keines mehr findet“ (Lauxmann, 2003, S. 38). Die Überwindung chaotischer Zustände ist eine Haltung, die gleichermaßen Mut und eine hohe Schmerzbereitschaft erfordert. Menschen kleben gern an dem, was immer so war. Warum sollte man ändern, was sich als Struktur bewährt hat? „Es war doch immer so, warum sollen wir es anders machen. Wo kämen wir hin, wenn ungeordnete Geister die Oberhand gewännen?“ Dieser Anspruch eines 55-jährigen Mannes hat mich sehr betroffen gemacht. Es scheint legitim zu sein, am Alten fest zu halten und Veränderung aus Angst vor dem Chaos zu vermeiden. Angst vor Neuwerdung, weil sie Chaos voraussetzt, wird rationalisierend als unnötiges Risiko, als Bedrohung durch Anarchie bezeichnet. So verzichtet man auf Weiterentwicklung und damit auf ein lebendiges und dynamisches Leben.

Die archaische Gegensatzthematik

Es sind die uralten Polaritäten von Licht und Dunkelheit, Wärme und Kälte, Klarheit und Nebel, die als Gegensatzthematik auch für den nordischen Schöpfungsmythos charakteristisch sind.
Neu im Vergleich unterschiedlicher Schöpfungsmythen ist die räumliche Einteilung, die zunächst die Gegensätze thematisiert. Norden ist die Welt der Finsternis. Sie ist aus Eis und Reif gemacht. In Niflheim gibt es kein Sonnenlicht und damit auch keine Wärme. Es könnte damit zunächst ein Mangel skizziert sein, der nach dem kompensatorischen Gegenteil ruft. Das ist Muspelheim, im Süden lokalisiert. Diese Region besteht aus Wärme und Feuer. Beide Gegensätze sind in ihrer Einseitigkeit unfähig, lebendiges Leben zu ermöglichen.

Die neun Welten

Ein ganz spezielles Thema der nordischen Mythologie ist die Überzeugung, dass neun Welten existieren. Bezeichnend für die hohe Wertschätzung der Zahl Neun ist, dass mit dieser Theorie die Ganzheit des Seins mit der ständigen Präsenz des Werdens erfasst werden sollte.

Bei dieser Theorie existieren wiederum drei Modelle, die in ihrer Komplexität vor allem den Hinweis auf die Vielfalt des Lebens und ihrer unterschiedlichen Erscheinungsformen zum Inhalt haben. Es gibt Raum für alle, ob es Riesen und Zwerge, Alben und Lichtgeister, Vertreter des destruktiven oder des konstruktiven Prinzips sind. Um Midgard, den Ort, in dem die Menschen beheimatet sind, herum, gruppieren sich vier Welten. Es sind die bereits bekannten Gegensatzpaare Muspelheim und Niflheim, Orte, in denen Feuer und Eis Raum finden. In Jötunheim herrschen die als böse erlebten Riesen als ältestes Geschlecht auf der Welt. Vanaheim ist die Welt der guten weisen Wanen, die als das älteste Göttergeschlecht bezeichnet werden. Nach oben finden wir auf zwei Ebenen Ljossalfheim und Asgard, spiegelbildlich dazu nach unten Svartalfheim und Helheim. Ljossalfheim und Svartalfheim (Wohnorte der Lichtalben und Schwarzalben) sind Gegensatzpaare, genauso wie Asgard und Hel (im Prinzip Himmel und Hölle – auch wenn die Hel eigentlich ein Wohnort der Toten ist, keine Hölle).

Von den vier Welten, die Midgard umringen, führen auch Verbindungen zu den oberen und unteren Ebenen, die ich der Klarheit halber weggelassen habe. Mit diesen Verbindungen sieht das Ganze wie ein komplexes Sphärenmodell aus und stellt die Verflechtungen der verschiedenen Aspekte des Lebens miteinander dar.

In der Mitte zwischen beiden Stätten, Niflheim und Muspelheim, ist der Brunnen Hvergelmir. Aus ihm fließen zwölf Ströme. Die Feuertropfen aus Muspelheim erhärten sich und werden zu Eis. Dieses schmilzt und die Tropfen beleben sich.

In diesem ersten Prozess, einem Versuch, das Chaos zu gestalten, zeigt sich die wechselseitig belebende Kraft der scheinbar nicht zu vereinbarenden Gegensätze. Die zwölf Ströme des Brunnens ermöglichen Wandlung und Neuwerdung. Werfen wir einen Blick auf die Zahlsymbolik, bekommt der Brunnen in dieser Position zwischen den archaischen Polaritäten ein besonderes Gewicht.

Nicht zufällig dürfte das Wasser des Brunnens in zwölf Ströme aufgeteilt sein: Diese Zahl symbolisiert seit jeher in den unterschiedlichsten Kulturen die Vollkommenheit. So ist das Jahr in zwölf Monate aufgeteilt, zwölf Stämme zählt das Volk Israel. Zwölf Tierkreiszeichen des Altertums wurden auch in der etruskischen Kultur benannt. Sie können in Verbindung gebracht werden mit der magischen Zwölf, die in Märchen und Mythen eine wichtige Rolle spielt. Zwölf Brüder müssen Heldentaten vollbringen, aber auch die zwölfte Stunde, Mitternacht, steckt voller magischer, nicht selten lebensbedrohender Gefahren. Herakles wurde herausgefordert, zwölf schwierige Aufgaben zu erfüllen. Die Nachtmeerfahrt des ägyptischen Sonnengottes umfasste zwölf Stationen, die immer wieder durch die Apophisschlange vom Untergang des Lichtes bedroht wurden. Die zwölf heiligen Nächte zwischen dem Weihnachten der Hirten am 25. Dezember und dem Fest der drei Weisen aus dem Morgenland am sechsten Januar, können positive und negative Situationen in sich schließen. Den Träumen in diesen Nächten wird eine besondere Bedeutung beigemessen. Sie können Hinweise sein auf das Geschehen in den zwölf Monaten des kommenden Jahres. Ebenso Glück als auch Unheil kann in chiffrierter Form prophezeit werden.

Das Umfassende dieser Zahl unterstützt die Bedeutung dieses nordischen Schöpfungsmythos, der, wie wenige andere, offensichtlich die Vollkommenheit in der Vereinigung der Gegensätze zum Thema hat. Es ist der Weg der Selbsterkenntnis als individuelles und kollektives Tun, dem sich auch die Analytische Psychologie verschrieben hat.

Die Urphänomene. Der Riese Ymir und die Kuh Autumbla

Die belebende Kraft der Tropfen, die das Eis zum Schmelzen bringt, erlaubt einen weiteren Schritt im Schöpfungsprozess: Ein Riese taucht auf mit dem Namen Ymir. Die Seherin aus der Unterwelt schildert es so:

„Urzeit war es, als Ymir lebte.
Es gab weder Sand noch Meer noch kühle Wogen,
Erde existierte nicht noch Himmel darüber,
den Schlund der Urleere gab es, aber nirgends Gras.“
(Krause, 2018, S. 10)

Der Riese ist jedoch nicht das Ergebnis einer harmonischen Verbindung von polaren Prinzipien. Er gilt als Repräsentant des Bösen. Trotzdem wird er zum Vertreter eines schöpferischen Prozesses. Dieses Urwesen ist in sich noch ungeschieden, Mann und Frau zugleich.
Am Anfang des gestalteten Werdens steht somit nach der bewussten Erfahrung der Gegensätze in Form von Niflheim und Muspelheim, von Eis und Feuer eine Vereini-

gung der Gegensätze über die Zweigeschlechtlichkeit des Urwesens Ymir. Aus dem Schweiß seiner Achselhöhlen formt sich erneut der Gegensatz. Es entstehen Mann und Frau. Aus dieser Polarität entsteht jetzt wieder das Eine: Beide bekommen einen Sohn, der wiederum zwei Söhne zeugt. So, berichtet der Mythos, entstanden die Frost- und Eisriesen.

Das Eis schmilzt weiter und schrittweise taucht eine Kuh, Audumbla, auf. Aus ihrem Euter fließen vier Ströme, die den Riesen Ymir ernähren.
Nach der Vollkommenheit der Zahl Zwölf steht jetzt die Zahl Vier im Mittelpunkt. Sie symbolisiert das Jetzt und Hier über das Symbol der vier Jahreszeiten, der vier Himmelsrichtungen oder auch der vier Mondphasen. Es ist das weibliche Prinzip, das sich auch im Nährend-Mütterlichen der Kuh symbolisiert. Interessant ist in diesem Zusammenhang, dass der Riese als negatives Prinzip trotzdem ernährt werden muss. Es scheint, als ob über dieses Bild wieder ein Gleichgewicht innerhalb der polaren Prinzipien hergestellt werden muss. Aber die Kuh ist nicht nur ein Wesen, das Leben erhält, sondern sie vertritt auch ein zeugendes Prinzip. Sie leckt an den salzigen Eissteinen und zeugt damit ein neues Wesen. Am ersten Tag werden Haare sichtbar, am zweiten Tag erscheint das ganze Haupt und am dritten schließlich ein Mann, der den Namen Buri trägt. Mit der Zahl Drei tritt das männliche Prinzip in den Vordergrund. Diese Zahl steht für Entwicklung und Kreativität. Sie enthält darüber hinaus einen Hinweis auf das geistige Moment, das im Zusammenklang mit der Vier die Sieben bildet, die heilige Zahl. Sie stellt eine andere Vollkommenheit

dar als die Zwölf, ist sie doch eine Kombination der sogenannten niederen Vierheit, der Basis allen Seins und der höheren Dreiheit, die das geistige Moment von Weitblick und Übersicht darstellt. Die Zahlen werden dabei nicht gewertet, sondern sind räumlich zu verstehen. Ohne eine feste Verwurzelung im Jetzt und Hier kann keine Übersicht entstehen, ist es unmöglich, Wesentliches vom Unwesentlichen zu unterscheiden.

Die Erschaffung der Welt durch Odin, Wili und We

Betrachtet man aus dieser Perspektive die weitere Entwicklung, so wird das Thema des Gegensatzes, der sich zu einer höheren Einheit verknüpft, wie es die Zahlsymbolik vermittelt, nochmals aufgenommen:
Buri verbindet sich mit einer Riesin, deren Auftauchen unbekannt ist. Daraus entstehen drei Söhne, Odin, Wili und We. Während die Brüder später in der Bedeutungslosigkeit verschwinden, taucht hier erstmals Odin als Schöpfergott auf. Diese drei besonderen Wesen sind offensichtlich dazu ausersehen, den Prozess der Schöpfung in einer differenzierten Form fortzuführen. Damit Leben entsteht, muss offenbar zunächst der Tod als notwendige Basis anerkannt werden. Damit wird unterstrichen, dass das sogenannte Böse immer auch den Keim des Guten in sich trägt. Unwillkürlich wird man an den Mephisto in Goethes Faust erinnert, der von sich sagt, er sei ein Teil von jener Kraft, die „stets das Böse will und stets das Gute schafft" (Goethe, 1986, S. 39). Odin, Willi und We erschlagen den Riesen

Ymir. Er dient jedoch mit seiner ganzen Person und allen Körperteilen dazu, eine bewohnbare Welt zu schaffen. Aus seinem Körper formen sie den Mond; aus seinem Blut werden Seen und Gewässer; aus seinem Fleisch entsteht die Erde. Seine Knochen gestalten sich zu Bergen. Die Zähne werden zu Felsen und Klippen. Der Schädel schließlich formt den Himmel. Aus den Augenbrauen und Wimpern entsteht Midgard, die Stätte der künftigen Menschen.

Ein Riese bildete also mit seiner Leibhaftigkeit den Beginn einer Welt, die zunächst nur als Eiswüste erschien. Durch diese Schöpfungsgeschichte zieht sich wie ein roter Faden das Thema des Gegensatzes, der sich immer wieder zu einem harmonischen Ganzen zusammenfügt und doch in seiner Polarität wahrgenommen werden will. Aus dem Chaos bildet sich über ordnende Struktur die Basis für Leben. Ein Extrem bedingt die Wahrnehmung des Gegensatzes. Im Gemeinsamen und in der Unterscheidung vollzieht sich das Gesamt einer lebendigen und entwicklungsfähigen Schöpfung.

C. G. Jung und sein geistiger Schöpfungsakt

Einen Schöpfungsakt ganz anderer Natur verdanken wir C. G. Jung. Angesichts seiner zahlreichen Reisen in ferne Länder entdeckte er, dass es unabhängig von kulturellen Prägungen, von Volk, Land und ethnischer Zugehörigkeit urmenschliche Erfahrungen gibt, die sich gleichen. Sie stammen, so formulierte er es, aus tief unbewussten Schichten und schaffen Verbindungen und Entsprechungen unabhängig von persönlichen Kontakten oder übernommenen Vorstellungen. „Das Unbewusste, betrachtet als historischer Hintergrund der Psyche, enthält in konzentrierter Form die ganze Abfolge der Engramme, welche seit unermessbar langer Zeit die jetzige psychische Struktur bedingt haben" (Jung, 1973, Bd. 6, § 281).

In den Träumen und Fantasien seiner Patienten beobachtete er ähnliche Phänomene, die wiederum Grundthemen in den Mythen und Märchen der Welt sind. So entstand der Begriff des „kollektiven Unbewussten". Es ist ein kollektives Wissen um die Grundstrukturen, die in Phänomenen, in Konflikten und Lösungen einem gemeinsamen Gedächtnis entsprechen. Vor diesem Hintergrund gibt es bis heute archaische Grundmuster des Empfindens und Verhaltens, die über alle Grenzen hinweg Beziehung stiftend sein können.

Eine zweite zentrale Entdeckung, mit der er sich deutlich von seinem Lehrer Sigmund Freud unterschied, war für ihn die Bedeutung symbolischer Bilder, ohne die ein tieferes Verständnis der Inhalte des Kollektiven Unbewussten nicht möglich ist.

Das Symbol muss zunächst von einem Zeichen unterschieden werden. Während dieses eindeutig ist, verfügt das Symbol immer über einen Plus- und einen Minuspol. Diese mögliche Doppeldeutigkeit machte zum Beispiel das Orakel von Delphi zu einem Hort von Erkenntnis ebenso, wie von Irrtümern. Die Symbole des Kollektiven Unbewussten wollen immer mit der Realität des Individuums abgeglichen werden, um einen Erkenntnisprozess anzustoßen.

C. G. Jung fand heraus, dass erst die Wahrnehmung der gegenläufigen Impulse Wahrheitsfindung erlaubt. Ein Grundanliegen symbolischen Verstehens ist das Bedürfnis, Gegensätze zu vereinigen, damit individuelle und kollektive Weiterentwicklung möglich ist.

Gerade dieses Thema ist ein Zentrales der Nordischen Mythologie.

Die in den Mythen immer wieder auftauchende Schwierigkeit der Götter, die polaren Konfliktspannungen zu einem harmonischen Ganzen zu vereinigen, musste zu einem der Gründe für ihren Untergang führen.

Exkurs: Kinder und Bindung aus der Perspektive der Analytischen Psychologie

In dem beschriebenen archetypischen Gegensatz wird aber auch eine allgemein verbindliche Wahrheit sichtbar, die sich auch im Erziehungsalltag immer wieder zeigt: Kälte und Beziehungslosigkeit bedeuten den Tod lebendiger Emotionen. Wir wissen heute, dass ein früher Mangel, Kälte als Ausdruck von Beziehungslosigkeit, bereits in der Schwangerschaft Einfluss auf die Hirnbildung hat und die Grundlage für eine narzisstische Persönlichkeitsstruktur darstellen kann.

Umgekehrt hat ein Zuviel an Wärme ähnlich problematische Folgen. Aufgeheizte Liebe, die im Kind einen Ersatz für einen eigenen Mangel, sei es einst als Kind, in der Partnerschaft oder Gesellschaft sieht, macht das Kind zum Objekt der Sehnsucht. Der Ausspruch, jemanden „zum Fressen gern" zu haben, bezieht sich zumeist auf Kinder. Sie können auf diese Weise nur unter großen Schwierigkeiten Eigenständigkeit, Tatkraft und Autonomie entwickeln und bleiben oft lebenslang in Abhängigkeiten stecken. Der dahinter stehende ungelöste Konflikt eines heranwachsenden Kindes zwischen sehnsüchtigen Wünschen nach Geborgenheit und dem Bedürfnis nach Verselbständigung und Eigenständigkeit wird nicht selten im Erziehungsverhalten der Eltern aufgespalten, statt über einen Kompromiss gelöst zu werden.

Ist ein Partner in der Beziehung zum Kind kühl, fern oder unbezogen, übernimmt der andere häufig eine extreme Gegenposition. Diese Polarität stürzt das Kind in Ambivalenz- und Loyalitätskonflikte, die eine Identitätsfindung erschweren. Bindungsverhalten wird im Elternhaus gelernt. Können beide Eltern eine sichere und verlässliche Bindung zum Kind, aber auch innerhalb ihrer Beziehung eingehen, fühlt sich ein Kind gehalten und ausgehalten. Helle und dunkle Seiten werden als zum Menschen gehörig akzeptiert und nicht negativ bewertet. Verbale und nonverbale Zeichen der Zuwendung erlauben ein Gefühl von Sicherheit und den Aufbau von Selbstwertgefühl. Symbolisch bedeutet es, dass Geborgenheit und Ermutigung zu eigenständigen Entwicklungsschritten in einem ausgewogenen Verhältnis stehen sollten. Zu viel wärmende Hülle wird symbolisch gesprochen zum Muspelheim. Geborgenheit wird dann zur Identität gefährdenden Hitze, die eigenständige Impulse wie in einem unkontrollierten Feuer vernichtet. Kälte im Sinne von Gleichgültigkeit und Unbezogenheit gleicht einem Nebel, der keinen klaren Blick auf die eigene Person zulässt. Mut zum Risiko und Wagnis, als Herausforderung, sich zu erproben, werden gleichsam eingefroren. So ist das Resultat beider Extreme das Gleiche. Das Kind entwickelt einerseits Ängste angesichts einer realen Abhängigkeit, die lebensuntüchtig macht. Die Wirklichkeit außerhalb des überhitzten Treibhauses elterlicher Besorgtheit wird zur bedrohlichen Zumutung. Die Atmosphäre eines Niflheimes dagegen zwingt in eine verfrühte innere Emigration. Überforderung ist auch hier die Folge. Selbstbewusste, Entwicklung fördernde Schritte mit dem Ziel der Lebenstüchtigkeit werden hier wie dort nicht wirklich gewagt.

Es ist aus psychologischer Perspektive der Abhängigkeits-Autonomie-Konflikt, der für viele Jugendliche zu einem unlösbaren Problem geworden zu sein scheint. Abhängigkeit verspricht Geborgenheit und damit ein Gefühl der Sicherheit. Eigenständigkeit und autonomes Handeln schließt in sich Freiheit und Selbstverwirklichung ein, bedeutet aber auch das Wagnis, Verantwortung für sich selbst zu übernehmen. Ich bin in diesem Augenblick nicht mehr Opfer eines undurchschaubaren Geschicks und damit jeder Eigenständigkeit enthoben, sondern muss anerkennen, dass jeder Mensch seines Glückes Schmied ist. Ein progressiver Lebensentwurf wird jeden Menschen immer neu vor eine solche Entscheidung stellen. Abhängigkeit verliert sich nicht von selbst, indem ich an einem anderen Ort wohne, heirate und Kinder bekomme. Innere Unabhängigkeit muss immer neu erworben werden und ist Herausforderung, Konfliktbereitschaft zu entwickeln und sich, wenn keine Übereinstimmung erreicht werden kann, auf faire Kompromisse einzulassen.

3.
Die Archetypenlehre C. G. Jungs

„Archetypen sind psychische [und psychophysische] Strukturdominanten, die als unbewusste Wirkfaktoren das menschliche Verhalten und das Bewusstsein beeinflussen. Immer nämlich, wenn ein Archetypus im Traum, in der Phantasie oder im Leben erscheint, bringt er einen besonderen Einfluss oder eine Kraft mit sich, vermöge welcher er numinos, respektive faszinierend oder zum Handeln antreibend wirkt" (Jung, 1973, Bd. 7, § 109).

Archetypen und archetypische Erfahrungen sind Inhalte des beschriebenen Kollektiven Unbewussten. Jung zählt hierzu Gestalten mit allgemeiner, in Jahrtausenden bestätigter Gültigkeit. Es sind Vertreter des Männlichen wie des Weiblichen. Auch im Kind spiegeln sich Urerfahrungen, die sich im Begriff des „göttlichen Kindes" bündeln.

Weiter können bestimmte Emotionen und Verhaltensmuster diese archetypische, das heißt überindividuelle Bedeutung haben. Hierzu zählen Freude und Trauer, Verehrung und Entwertung, Mitgefühl und Härte, um nur einige Beispiele zu nennen. Schließlich ist der große Bereich der real und symbolisch zu verstehenden Erscheinungen in der Tier- und Pflanzenwelt, in Naturerscheinungen und Naturkatastrophen bedeutsam. Eine besondere Qualität in diesem Zusammenhang haben transzendente Phänomene, die sich in Ritualen und spirituellen Manifestationen offenbaren.

Archetypen und entsprechende Bilder, Vorstellungen und Erfahrungen sind primär wertneutral. Sie haben jedoch immer einen Plus- und einen Minuspol. Dieser Doppelaspekt entspricht allen Erscheinungsformen im Außen wie auch im Inneren, in der eigenen Seele. Ein Wissen davon ist als allgemein gültig im Kollektiven Unbewussten gespeichert. Es sind Grunderfahrungen, die in Erlebnisweisen und Handlungen, in Vorstellungen und Überzeugungen über Stammes- und Ländergrenzen hinweg zu beobachten sind. Dabei erscheint wesentlich, dass mit den archetypischen Erfahrungen zumeist intensive Emotionen verbunden sind. Archetypen sind nicht rational, sondern nur über die mit ihnen verknüpfte Symbolik verständlich. Da ein Symbolcharakter jedoch ebenfalls immer doppeldeutig ist, lösen archetypische Bilder und Figuren sehr häufig Ängste aus. Nicht selten wird als Abwehrmechanismus mit Hilfe der Ratio ein Symbol in seiner beunruhigenden Polarität zu einem Zeichen reduziert. Diese sprechen eine eindeutige Sprache, vergleichbar einem Verkehrszeichen. Damit wird der numinose Charakter in seiner möglichen Beunruhigung vermieden.

Der Archetyp des Männlichen

Archetypen können in männlicher Gestalt in Erscheinung treten, zum Beispiel als der „Alte Weise". Darin drückt sich die im Kollektiven Unbewussten der Menschen vorhandene Sehnsucht nach Erkenntnis und seelischem Wachstum aus. Dass diese personifizierte Sehnsucht ganz aktuell besteht, zeigt die moderne Kinderliteratur. Ein Beispiel ist aus der „Unendlichen Geschichte" von Michael Ende der „Alte vom Wandernden Berge" oder der blinde Bergmann, der unter Tage die allgemein gültigen Bilder der Menschheit zu

Tage fördert. Aber auch in der Gestalt des Professors Dumbledore in „Harry Potter" wird dieses Bedürfnis nach Schutz in Weisheit und Erfahrung sichtbar.

Daneben sind auch die Dunkelaspekte des Männlichen archetypisch verankert. Der bemächtigende Zugriff des Blaubarts im Märchen oder die Destruktivität des Schattenbruders Seth im ägyptischen Mythos stehen dafür stellvertretend.

Der Archetyp des Weiblichen

Wenn wir uns dem Archetyp des Weiblichen zuwenden, steht im Vordergrund die viel zitierte Notwendigkeit der Erfahrung von Halt und Geborgenheit. Gespiegelt wird diese Qualität im Begriff der „großen Mutter", die in positiver aber auch negativer Form auf der ganzen Welt in Märchen und Mythen lebt.

Stellvertretend für diesen Archetyp steht die ägyptische Göttin Isis, die die Teile des zerstückelten Osiris wieder zusammenfügt. Damit spendet sie Leben, selbst im Angesicht des Todes. Ebenso steht die Mutter im Märchen von „Aschenputtel", über den Tod hinaus, liebevoll sorgend zur Verfügung.

Im Christentum ist es Maria, die Aspekte liebevoller Zuwendung vertritt. Anrührende Madonnenbilder aus der Renaissance bringen diese positive archetypische Dimension zum Ausdruck.

Hexen, böse Feen und Zauberinnen vermitteln die destruktive Macht des Weiblichen, die sich nicht selten in ein verführerisches Gewand kleidet. Archetypische Repräsentationen wollen erkannt und in das individuelle Bewusstsein integriert werden, um einen fruchtbaren Beitrag zur Persönlichkeitsentwicklung zu leisten.

Die inneren geschlechtsspezifischen Bilder als archetypische Repräsentanten

Animus und Anima sind weitere archaische Gestalten, die bestimmte Gefühlsqualitäten repräsentieren. Der Animus, als inneres männliches Bild im Weiblichen, ist Ausdruck einer im Menschen innewohnenden Notwendigkeit, in Anbetracht der Vielfalt des Lebens Klarheit, Struktur und Überblick zu gewinnen. Bleibt diese Haltung im Unbewussten, entgleist sie ins Negative und wird zur oberflächlichen Meinung, zur Rechthaberei und Intoleranz. Wird sie auf Männer projiziert, wird sie zur Faszination durch eine vordergründig beeindruckende Männlichkeit, wie sie ein Clark Gabel, ein Richard Burton, ein Jonny Weissmüller ausstrahlte.

Die Anima, als die im Männlichen vorhandene weibliche Seite, sollte als Gemüts- und Gefühlskraft, als emotionale Ansprechbarkeit entwickelt werden. Wird diese Seite stattdessen projiziert, mündet sie in einer Psychose nahen Gefährdung, die Heinrich Mann im „Professor Unrat" beschrieben hat. Im Film „Der blaue Engel" wird diese archetypische Konstellation von Marlene Dietrich und Emil Jannings eindrucksvoll anschaulich gemacht. Bleibt das innere Bild unbewusst, verharren Frauen wie Männer in der Projektion. Reale Beziehungen sind zum Scheitern verurteilt. Entweder müssen als Folge die Partner und Partnerinnen immer wieder gewechselt werden, um eine

Illusion aufrecht zu halten in der sinnlosen Wiederholung einer Projektion, oder es erfolgt eine innere Kündigung und der Rückzug in Resignation und Depression.

Beim nächsten Mann „mit stahlblauen Augen", (so der Ausspruch eines Sechzehnjährigen hinsichtlich des neuen Liebhabers seiner Mutter), bei jeder nächsten noch jüngeren Frau, scheint alles anders zu werden. Doch im Angesicht der Realität entpuppt sich die Illusion als Seifenblase, die immer schneller zerplatzt. Bleibt dann schließlich nur noch der Ausweg, sich als verkanntes Opfer des Schicksals zu fühlen?

Damit ist man bereits mit der nächsten archetypischen Qualität identifiziert, nämlich der Stimmungslage von Mangel, Frustration und Enttäuschung. Darin zu verharren, bedeutet einen Entwicklungsstillstand. Es gibt auch in diesen Situationen den positiven Impuls zum „Dennoch". Verzicht gehört zum Leben und die Bereitschaft, Maß zu halten, ermöglicht Zufriedenheit mit dem Gegebenen, manchmal sogar die Erfahrung von Glück in der Begrenzung.

Die Auseinandersetzung mit dem Schatten

Schattenanteile des Menschen sind Eigenschaften, die scham- oder schuldbesetzt sind, oder auch Haltungen, die zum persönlichen Selbstbild eines guten und hilfsbereiten Menschen nicht gehören. Archaische Gefühle wie Eifersucht, Neid, Rivalität, Gehässigkeit, destruktive Aggression gehören zum Menschen dazu und wollen als ein Anteil der Persönlichkeit akzeptiert und integriert werden. Jung nennt es die Arbeit am Schatten; ein wichtiger Schritt, archetypische Gegebenheiten auch in ihrer Minusvariante anzuerkennen.

Bleiben die Anteile unbewusst, neigen sie dazu, in der Projektion bekämpft zu werden. Es wird dann auf personaler Ebene etwas agiert, was in seiner allgemein verbindlichen Bedeutung verstanden und gelebt werden will. Unbewusste Inhalte strahlen immer sowohl ein Tremendum als auch ein Faszinosum aus. Angesichts dieser Faszination besteht bei vorhandener Ichschwäche eine ernst zu nehmende Gefahr, sich als Individuum mit dem Archetyp zu identifizieren. Das Bild des Helden verlockt, sich in Machtgier und Heldenhaftigkeit so zu verstricken, dass man sich in der Illusion des Heilsbringers verliert und sich gottähnlich empfindet.

Einst berichtete mir ein Mann, eine solche Wahnidee. Er wähnte sich zu Unrecht in der Psychiatrie untergebracht. In hochdifferenzierter Form erzählte er mir von seiner Gotteskindschaft, die ihm einst wie eine Offenbarung während seines Theologiestudiums aufgeleuchtet sei. Er habe sich intensiv in das Bibelstudium vertieft und sei allen Spuren nachgegangen, die mit der Tatsache der Gotteskindschaft im Zusammenhang standen. Dies, so erklärte er mir abschließend, sei für ihn der schlüssige Beweis, dass er, als Gottes Kind, einst Jesus Christus gewesen und jetzt in neuer Inkarnation der erwartete Messias sei.

Mir wurde in tiefer Betroffenheit nachvollziehbar, warum Jung vor einer solchen Identifikation mit dem Archetyp warnte. Die Inhalte des Kollektiven Unbewussten können in eine vom Ich nicht mehr zu steuernden Dynamik entgleisen. Jung gebrauchte dafür den Begriff der Inflation. Dieser Zustand ist vergleichbar mit einer sich innerpsychisch vollziehenden Sintflut, die das Bewusstsein überschwemmt und jegliche Strukturierung im Sinne der Relativierung und Realitätsprüfung unmöglich macht.

Der Umgang mit archetypischen Manifestationen

Angesichts der Tatsache, dass archetypische Inhalte immer über einen positiven und einen negativen Aspekt verfügen, kann man sich ihnen nicht begrifflich rational annähern. Archetypische Inhalte sind nicht im landläufigen Sinn logisch. Jung gebrauchte für eine andere Form des Verstehens den Begriff der Amplifikation. Über Mythen und Märchen, aber auch in Träumen zeigen sich Möglichkeiten, Konflikte zu sehen, zu verstehen und zu lösen. Das geschieht weniger in Begriffen, sondern in einprägsamen Bildern. Bezeichnenderweise gibt es darum auf der ganzen Welt ähnliche Themen, die es uns erleichtern zu erkennen, wer wir sind, sowohl als Individuum als auch als Teil eines umfassenden Kollektivs.

Gerade Kinder haben einen selbstverständlichen Zugang zu dieser archetypischen Bildersprache.
Ein Sechsjähriger verlangte von mir alle Vorhänge zuzuziehen, damit er einen ganz besonderen Weg aufbauen könne. Zunächst entstanden Bäume. Er äußerte dann in hohem Ernst: „Ich bin Batman und Du bist die Athene." Beide Figuren setzte er sodann in den Wald. „Das ist eine

Wildnis und wir beide haben uns verirrt und finden unseren Weg nicht mehr. Und dann", setzte er fort, „müssen wir erst durch das Feuer gehen, danach kommt ein großes Wasser und viel Eis und dann finden wir den Berg ‚Sesam öffne Dich‘. Wir entdecken viele Schätze, aber wir müssen weiter gehen. Danach gibt es eine breite Straße, aber es kommen uns gefährliche, mächtige Tiere, ein Löwe und ein Tiger, entgegen. Und wenn wir gegen die gekämpft und gewonnen haben, dann begegnet uns die Frau Medusa. Das ist sehr gefährlich, weil sie Schlangenhaare hat und es wird sehr schwer sein gegen sie zu gewinnen. Aber das weißt du ja!" beschloss er seine Erklärungen.

Durch Wasser und Feuermächte zu gehen ist auch Thema der Zauberflöte und wird hier als Einweihungsweg beschrieben. Es ist ein Wandlungsgeschehen, das jedoch bei dem kleinen Patienten nicht der Abschluss war. Der Berg mit seinen Schätzen symbolisiert den Kontakt mit seinem Unbewussten in seinen reichen Möglichkeiten. In Gestalt der wilden Tiere gilt es die bedrohliche Seite wahrzunehmen und zu integrieren. Als weitere Aufgabe gilt es, das noch ungelöste individuelle Mutterproblem im Bild der Medusa in Angriff zu nehmen. Dieses spontane symbolische Spiel, das dem Jungen in seiner tiefen emotionalen Bedeutung sehr bewusst war, scheint sich in der Aussage C. G. Jungs zu spiegeln:

„In solchen Fällen sucht man vergebens nach einer personalistischen Kausalität, um eine Erklärung für ihre eigenartige archaische Form und Bedeutung zu finden. Es ist deshalb viel eher anzunehmen, dass es sich um eine Art universell vorhandener Inhalte des Unbewußten handelt, welche dessen tiefere kollektive Schicht darstellen im Unterschied zu den persönlich erworbenen Inhalten der oberflächlichen Schichten, die man auch als das persönliche Unbewußte bezeichnen kann. Ich betrachte diese Bildungen als die Matrix aller mythologischen Aussagen. Sie treten nicht nur unter hochemotionalen Bedingungen auf, sondern scheinen sehr oft auch deren Ursache zu sein. Es wäre ein Irrtum, sie für ererbte Vorstellungen zu halten, denn sie sind lediglich Bedingungen für die Bildung von Vorstellungen, so wie die Instinkte die dynamischen Bedingungen für die verschiedensten Verhaltensweisen sind. Es ist sogar wahrscheinlich, dass die Archetypen der psychische Ausdruck oder die Manifestation des Instinktes sind." (Jung, 1973, Bd. 3, § 550)

4.
Die Themen der nordischen Mythen

Die nordischen Mythen führen gegenüber den uns vertrauteren griechischen gelegentlich ein Schattendasein. Ein Grund dürfte auch in einer einseitig stilisierten Heldenhaftigkeit im Dritten Reich zu suchen sein. So war die Sonnenseite der Mythen willkommen, ohne dass der dunkle Aspekt wahrgenommen wurde. Die nordischen Mythen sind vielschichtig und sowohl formal als auch inhaltlich häufig deshalb verwirrend, weil sie uns den Spiegel unserer hochambivalenten Menschlichkeit vorhalten, die Unmenschlichkeit in sich schließt. Die Gegensätze liegen eng beieinander und enthalten in sich gut und böse, richtig und falsch, göttlich und menschlich in einer zusammengehörenden Einheit.

Das Grundthema ist der Kampf der Riesen gegen die Götter. Sie setzen sich auseinander, aber gelegentlich trotzdem zusammen. Sie stehen sich feindlich gegenüber und sind doch bereit, sich zu verbinden. Archetypische Themen stehen dabei im Mittelpunkt. In Liebe und Hass, in Leben und Tod sind sie entzweit und verbunden.

Archaische Erscheinungen, in Bilder gefasst, begegnen uns in Drachen und Schlangen, in listigen Zwergen in tumben, aber manchmal auch weisen Riesen, in plumper Gewalttätigkeit und großer Kunstfertigkeit. Schätze, die versenkt oder gehoben werden, spielen ebenso eine Rolle, wie die Natur mit ihren erschreckenden Überschwemmungen oder tückischen Feuersbrünsten. Es ist ein ständiger Prozess von Wandlung und Veränderung, der moralische Vorstellungen immer wieder durcheinander wirbelt. In jedem

Guten ist Schlechtes zu finden, jedes Schlechte kann Gutes erzeugen. So sind die Erscheinungsformen der nordischen Mythologie auch für uns beklemmend aktuell.

Die symbolische Bedeutung des männlichen und weiblichen Prinzips

Im Beziehungskontext nutzt der Mythos für eine klärende Unterscheidung den Gegensatz von männlicher und weiblicher Identität und ihren sich unterscheidenden Verhaltensmustern. Vordergründig werden damit geschlechtsspezifische Gegensätze benannt. Trotzdem unterscheiden sich die Rollenmuster und erweitern die Perspektive in ganzheitlichem Sinn, entziehen sich jedoch trotzdem einer Vereinheitlichung.

Im Weiblichen gibt es sowohl die sich anpassende, sanfte Haltung, die sich dem Männlichen unterwirft. Daneben gibt es aber auch die starke Frau, die dem Männlichen auf Augenhöhe begegnet, oder ihm sogar überlegen ist.

Im Männlichen begegnet uns der strahlende Lichtheld, aber genauso der dunkle Gegenspieler. Das Männliche zeigt sich einerseits souverän und großzügig, auf der anderen Seite gelegentlich schwach und einfältig, aber auch rachedurstig und missgünstig.

Muttergebundenheit und Vaterfixierung, diese archetypischen Gegebenheiten, bieten sich als aktuelle Themen an und berühren uns heute wie einst. Sie sind nicht selten mit ungelösten innerseelischen Konfliktsituationen verbunden, die jegliches Beziehungsgeschehen mitbestimmen.

Auf diese Weise bestätigt sich das Bemühen C.G: Jungs, die Vielschichtigkeit menschlichen Agierens zu erfassen und mit ihren archetypischen Wurzeln zu verbinden. Die nordischen Götter in Aktion und Reaktion sind Repräsentanten des Kollektiven Unbewussten und werden damit in ihrer vielfältigen Bedeutung zu einem aktuellen Spiegel unseres menschlichen Seins.

Welche archetypischen Themen, in Bilder gefasst, zum Leitmotiv werden, bestimmt ein reifes Ich. Allerdings wird eine realistische Entscheidung zum Guten immer die potentielle Bereitschaft zum dunklen Gegenpol in sich tragen. Hier weist Jung immer wieder auf die Gefahr hin, dass eine einseitige Identifikation mit dem Archetyp das Unbewusste zu einer Quelle der Gefahr macht, vergleichbar einem Vulkan, der jederzeit ausbrechen kann.

Die symbolische Bedeutung der Zahlen

Zahlen existieren in vielschichtiger Form in der Außenwelt. Sie sind objektiv wahrnehmbar und bilden so eine Möglichkeit, Raum und Zeit zu erfassen. Sie dienen dazu, Ordnung und Überschaubarkeit herzustellen. Indem sie Struktur ermöglichen, relativieren sie Unsicherheiten und Ängste. Aus einer anonymen Beliebigkeit entwickelt sich über die Zahl eine gewisse Gesetzmäßigkeit. Der Wunsch nach Kontrolle über die Zahl entspricht dem Bedürfnis, nicht Objekt zufälliger Abläufe zu sein, sondern autonom zu gestalten. Aus diesen Gründen haben bereits die Babylonier den Kalender entwickelt. Damit ist man nicht mehr in einen willkürlichen Ablauf der Zeit geworfen, sondern kann über die Zahl, über das Messen der Zeit ein Gefühl für Sinnhaftigkeit entwickeln. Die Zahl schließt auch ein transzendentes Moment ein. Sie erlaubt, die Komplexität des Lebens, des Seins an sich zu erfassen. Vielleicht gemäß der Aussage im Faust: „Was die Welt im Innersten zusammen hält" (Goethe, 1986, S. 13). Zehn Jahre hat er gelernt, geforscht, gelehrt. Den Sinn seines Tuns hat ihm die Struktur der zehn [Jahre] nicht offenbart (Endres / Schimmel, 1984, S. 33).

Eine Zahl legt fest und erlaubt damit Verbindlichkeit als ein Vertrauen förderndes Moment. Auf der anderen Seite kann diese feste Orientierung, die Sicherheit verheißt, auch in Starre und Zwang münden. Ein kompromissloses Festhalten an der Realität der Zahlen schließt einen Verzicht auf Flexibilität ein. Manchmal kann 2+2 nicht nur vier, sondern auch einmal fünf oder drei sein. Jede einseitige Festlegung auf das, was wir objektive Wahrheit nennen, klammert das Unberechenbare als Gegenpol des Berechenbaren aus. Damit kann die Zahl in dieser vordergründigen Bedeutung sich selbst ad absurdum führen.

Die archetypische Qualität der Zahlen hat Isidor von Sevilla (Endres / Schimmel, 1984, S. 33), der etwa 600 vor Christus lebte, erfasst, wenn er sagte: „Nimm allen Dingen die Zahl und alles geht zugrunde, zerfällt." Er sieht in der Zahl damit ein stützendes Gerüst im Geschehen der Welt, das den Archetyp des Lebens garantiert. Es ist einerseits der materielle Aspekt, der die Wichtigkeit der ordnenden Zahl unterstreicht. Auf der anderen Seite verbindet sich die Zahl jedoch auch mit Gefühlen, mit magischem Denken, vor allem aber mit einer reichen Symbolik in Verbindung mit einem mythischen Hintergrund.

Dieser stellt das dar, was die Menschen im Laufe von Jahrtausenden mit den Zahlen in ihrer magischen Wirksamkeit und ihrer damit in Verbindung stehenden Symbolik erfahren haben. Das Ziel, das Zahlen erlauben sollen, ist der Versuch, über Proportionen zu einer harmonischen Ordnung in der Welt und in sich selbst zu finden. Das war das Anliegen der Pythagoreer im Altertum. Aus rein rationaler Perspektive wurde Pythagoras allein auf seinen berühmten Lehrsatz reduziert, ohne seine dahinter stehende geistige Dimension zu erfassen. Harmonie und Rhythmus sind die archetypischen Bedürfnisse des Menschen. Mit Hilfe der Zahlen können sie sich verwirklichen. So erlaubt die Sieben, als sogenannte heilige Zahl, das Leben im rhythmischen Ablauf dieser Zahl zu betrachten. Alle sieben Jahre vollzieht sich Erneuerung im Körperlichen. Eine Parallele kann sich auch im geistig-seelischen Bereich feststellen lassen. Der Rhythmus der Sieben berührt die wichtigen Schwellensituationen in der menschlichen Entwicklung: den ersten Gestaltwandel, die Pubertät, die Adoleszenz und den damit verbundenen Schritt ins Erwachsensein. Es war also nicht zufällig, wenn in früheren Zeiten die Mündigkeit mit 21 Jahren erfolgte.

Auch ein zahlenmäßig erfassbarer Raum hat seine Zeit. So wussten die Etrusker, dass ihr Reich 700 Jahre dauern würde. Mit dieser Endlichkeit wurde ihr Leben für sie überschaubar. Nach diesem Zeitraum verschmolzen sie mit den Römern. Sie hinterließen als Zeit überdauernde Spuren ungeheuer menschlich wirkende Kunstwerke. Ob sie gerade anhand ihres Wissens um eine Begrenzung, die sich in der Zahl ausdrückt, Weisheit und Gelassenheit entwickeln konnten? Das berühmte „etruskische Lächeln" mag Geheimnis und Erklärung sein.

Im Volksglauben sind Zahlen bis heute wirksam und scheinen Bausteine zu sein, die Welt in ihrer Gesetzmäßigkeit zu erfassen und begreifbar zu machen. Bei Kindern spielen in diesem Zusammenhang nach wie vor Abzählreime eine Rolle:

„Eins, zwei, drei, vier fünf, sechs, sieben,
eine alte Frau kocht Rüben,
eine alte Frau kocht Speck,
und du bist weg."

In dem unbestimmten Rahmen der Märchen, der sich im einleitenden Satz: „Es war einmal..." widerspiegelt, helfen Zahlen, Struktur, Gefühle von Sicherheit und Geborgenheit zu spüren, selbst wenn die augenblickliche Situation bedrohlich erscheint. Bestimmte Zahlen wiederholen sich und vermitteln damit die Sicherheit eines rhythmischen Ablaufes.

Zahlen erleben wir als subjektive Größe, der wir positiven oder negativen Charakter zuschreiben. Zum Beispiel wird die Drei sprichwörtlich positiv eingeordnet, wenn wir behaupten, dass aller guten Dinge drei sind, oder die Erfüllung dreier Wünsche in Aussicht gestellt wird. Drei Proben bedeuten in Mythen und Märchen drei Chancen, um Mut, Kraft oder Können zu beweisen. Manche Zahlen werden mit zwiespältigen Gefühlen verknüpft. Sie können sowohl positive wie negative Bedeutung haben. Dass viele Zahlen ambivalent erlebt wurden, spiegelt sich zum Beispiel in der Vorstellung, dass gerade Zahlen Ausdruck von

Harmonie und einem Gleichgewicht der Kräfte sind. Ungerade Zahlen hingegen verlassen diese so empfundene sakrale Ordnung. Dies betrifft die Zahl fünf, die nach Hesiod Unglück in sich schließt. Darum war seine Empfehlung, sich vor dem fünften Tag jedes Monats zu hüten. (Lurker, 1991, S. 846). Auf der anderen Seite hat die gleiche Zahl die Macht, Unglück abzuwehren. Die Hand der Fatima, Mohammeds Tochter, hat diese apotropäische Eigenschaft. Eindeutig mit Unglück ist in der allgemeinen Vorstellung die Zahl 13 verbunden, so dass manche Hotels diese Zahl bei ihren Zimmern überspringen.

Zahlen wurden häufig mit der Natur und ihren Abläufen, aber auch mit den Gestirnen in Zusammenhang gebracht. Sie galten als Hilfe und Unterstützung in der Entschlüsselung oft schwer zu durchschauender schicksalhafter Zusammenhänge. Nicht selten war damit magisches Denken gegenüber unwägbaren Zufällen, belastenden Lebensaufgaben oder einem unlösbar erscheinenden Konflikt in den Schwellensituationen des Lebens verbunden. Das Wissen um die Bedeutung bestimmter Zahlen spiegelte sich im Volksglauben wider. Gerade in den nordischen Märchen und Mythen, die von den Gewalten der Natur stark geprägt sind, spielt dieses geheime Wissen um die Kraft, die in Zahlen und ihrer Symbolik enthalten ist, eine wichtige Rolle. Diese ist außerordentlich vielschichtig. Innerhalb der unterschiedlichen Kulturen besteht jedoch eine erstaunliche Übereinstimmung, so dass auch hier das im Kollektiven Unbewussten gespeicherte Wissen eine erstaunliche Gemeinsamkeit abzubilden scheint.

Die tiefere Bedeutung der Zahlen erlaubt, ihnen vor diesem Hintergrund eine magische, gelegentlich schicksalhafte Bedeutung beizumessen. Dies scheint sich im pathologischen Bereich bei Zwangserkrankungen abzubilden. Rituelle Tätigkeiten müssen in einer festgelegten Abfolge, die durch eine bestimmte Anzahl abgesichert ist, durchgeführt werden. Ein gelingendes Zahlenspiel beispielsweise garantiert einen gefahrlosen Tag und Handlungsautonomie.

Exkurs: Der Mensch im Dreigestirn von Vergangenheit, Gegenwart und Zukunft

In der Suche nach der Sinnhaftigkeit dessen, was uns geschieht, ist die Archetypenlehre C. G. Jungs ein aus der Erfahrung gewonnenes Denk- und Fühlmodell, um sich der Unwägbarkeit des individuellen und kollektiven Schicksals anzuvertrauen. Steht dahinter eine Erkenntnis, die von den ewigen Wiederholungen des Lebens weiß? Ist gerade in Anbetracht einer kollektiven Gültigkeit die Angst vor dem unkontrollierbaren Risiko des eigenen Lebens besser zu ertragen? In diesem Zusammenhang mag auch magisches Denken Hilfestellung bieten, um den Aspekt einer so empfundenen Willkür des Schicksals zu bannen.
Erwachsene haben im Gegensatz zu Kindern Schwierigkeiten, bewusst im Jetzt und Hier zu leben. Die Fähigkeit, die Gegenwart als eine Gegebenheit hinzunehmen und in diesen aktuellen Augenblicken sinnvoll zu leben, fällt uns schwer. Schnell geht der Blick in die Zukunft, hoffend oder fürchtend hinter den Schleier zu schauen. Auf der ande-

ren Seite blicken wir, je älter wir werden, zurück in die Vergangenheit. Die Bereitschaft, das Unwiederbringliche zu bedauern, sich die sinnlose Frage nach dem „Warum" unseres damaligen Handelns, der Entscheidungen, die getroffen wurden, der Konsequenzen, die dieses Handeln hatte, in Frage zu stellen, ist ebenso häufiges wie fruchtloses Unterfangen. Das Bedürfnis, mit dem Wissen, der Reife des Heute nochmals in die Vergangenheit zu gehen und bessere Lösungen zu gestalten ist müßig. Der bedauernde Blick nach hinten lässt erstarren, wie es sich schon bei Lots Weib ereignete. Stattdessen lohnt es sich, mit dem Vorsatz, es künftig besser machen zu wollen, positiv in die Zukunft zu schauen.

Die Rückwärtsorientierung, die häufig noch mit Schuldgefühlen belastet ist, zwingt in einen Teufelskreis. Wieder sind wir in diesem Augenblick nicht auf die Gegenwart ausgerichtet, was zu einem späteren Zeitpunkt erneut das Gefühl auslöst, sich nicht angemessen verhalten zu haben. Die Bereitschaft, sich den Herausforderungen des Heute zu stellen, verlangt die absolute Konzentration auf eben diese Gegenwart. Damit wiederholt sich aber genau die gleiche Situation. Weil wir uns nicht auf die Gegenwart in allen Möglichkeiten und Zumutungen einlassen, wird zu einem späteren Zeitpunkt erneut die gleiche Frage aufkommen mit der gleichen resignierten Schlussfolgerung. So kann man ein Leben lang am aktuellen Leben vorbei gehen. Man hindert sich selbst daran glücklich zu sein. Der Blick in die Vergangenheit beschert ein negatives Füllhorn verpasster Möglichkeiten, die Zukunftsorientierung verspricht angesichts des negativen Rückblicks Angst und Bedrohung. Die Gegenwart wird vergessen.

Und noch ein Aspekt hindert an der konstruktiven Lebensgestaltung. Viele Menschen, vor allem Mütter, machen sich immer wieder Vorwürfe, ihren Kindern, ihren beruflichen Verpflichtungen, ihrer Partnerschaft nicht ausreichend gerecht geworden zu sein. Sie haften nicht nur in der Vergangenheit in ihrer Unwiederbringlichkeit, sondern kreisen, über Selbstvorwürfe verbrämt, unentwegt um die eigene Person.

Bei Licht betrachtet ist es eine ethisch-moralische Egozentrik, die Wilhelm Busch durchschaut, wenn er in seiner unnachahmlichen Weise den Menschen in seiner Menschlichkeit entlarvt.

Die Selbstkritik hat viel für sich.
Gesetzt den Fall ich tadle mich,
So hab' ich erstens den Gewinn,
Dass ich so hübsch bescheiden bin.
Zum zweiten denken sich die Leut,
Der Mann ist lauter Redlichkeit:
Auch schnapp' ich drittens diesen Bissen
Vorweg den andern Kritiküssen;
Und viertens hoff' ich außerdem
Auf Widerspruch, der mir genehm.
So kommt es denn zuletzt heraus,
Dass ich ein ganz famoses Haus.
(Busch, 2008, S. 75)

Die Zukunftsperspektive als Herausforderung zu betrachten, sich immer besser auf eigene Notwendigkeiten einzustellen, bedeutet, Ansprüche der Umwelt zu sehen und sie mit den eigenen Möglichkeiten abzugleichen. Damit ist auch Wandlung und Neuorientierung verbunden. Erst dadurch ist es möglich, Selbstvorwürfe hinsichtlich der Vergangenheit und der zahlreichen „Unterlassungssünden" ebenso, wie der Panik vor einer lastenden Zukunftsperspektive Stand zu halten.

„Flüchten oder Standhalten" war ein Schlagwort des Psychoanalytikers Horst Eberhard Richter. Seine Belastungen im zweiten Weltkrieg, der Verlust von Eltern und vertrautem Umfeld ließ ihn nicht resignieren, sondern, wie er einmal sagte, in einem „jetzt erst recht" die Ärmel hochzukrempeln und nach vorn zu blicken. So wurde er zu einem der einflussreichsten Analytiker der achtziger Jahre des letzten Jahrhunderts (Richter, 1976, S. 51).

Der Sinn des Lebens liegt im Leben selbst, das sich jeden Augenblick als lebendige Möglichkeit anbietet. Damit sind nicht nur die positiven Seiten des Lebens gemeint. Es gehört gleichermaßen dazu, sich mit den Menschen auseinander zu setzen. Streit ist Anteil des lebendigen Lebens. Nur dann kann sich Harmonie wieder einstellen.
Aber wie sieht Auseinandersetzung und Streit aus. Können wir uns wirklich konstruktiv auseinander setzen? Ist es nicht vielmehr die endlose Spirale von Vorwürfen und Rechtfertigungen, einmal durch den einen, dann durch den anderen artikuliert. Ich denke an ein Elternpaar, das sich im Gespräch ständig den schwarzen Peter zuschob. Jeder war Opfer des anderen und tat sich leid. Über meine Äußerung, dass wir ein erstaunliches Phänomen vor uns hätten, nämlich dass es zwei Opfer gäbe, aber letztlich keinen Täter, entstand ein nachdenkliches Schweigen. Die

Anerkennung der eigenen Täterschaft fiel schwer, führte dann aber zu einem erlösenden Lachen in der Erkenntnis, dass beide Rollen von beiden gespielt wurden. Wir einigten uns darauf, dass echte Auseinandersetzung auch genussvoll sein könne, weil dann Wiederannäherung in der Gegenwart lustvolles Geschenk sein könne.

Sowohl gute Eltern zu sein, als sich auch im Beruf bestmöglich zu bewähren, wird schnell zur Selbstüberforderung. Immer wieder den Neubeginn zu wagen, sich zu entwickeln in aller Begrenztheit und Fehlerhaftigkeit, kann eine immer neue Chance sein, innere Beweglichkeit und den Mut zum Wagnis zu entwickeln.

Schuldbesetzte Rückwärtswendung, vorwurfsvolle Begegnung in der Gegenwart, angstgeprägte Zukunftsperspektive, sind jedoch Empfindungen und Handlungsweisen, die archetypische Qualität haben. Sie wiederholen sich mit kleinen Unterschieden und unterstreichen das Menschlich-Allzumenschliche von Individuum und Kollektiv.

Dazu Mephisto in Goethes Faust:
„Der kleine Gott der Welt bleibt stets vom gleichen Schlag und ist so wunderlich als wie am ersten Tag" (Goethe, 1986, S. 13).

Oder, etwas hoffnungsvoller, Karl Jaspers:
„Der Mensch ist immer mehr, als er von sich weiß. Er ist nicht, was er ein für alle Mal ist, sondern er ist Weg. Unsere menschliche Möglichkeit ist es, aus einer trüben Perspektive die freud- und lustlos die menschlichen Schwächen bejammert, heraus zu treten und sich weiter entwickeln zu wollen" (Jaspers, 2020).

5.
Die Weltesche Yggdrasil

„Eine Esche weiß ich stehen, sie heißt Yggdrasil,
ein hoher Baum, überschüttet mit glänzendem Nass;
von dort kommt der Tau, der in den Tälern niederfällt,
sie steht immer grün über dem Urdbrunnen.“
(Krause, 2018, S. 14)

Dass alles in seiner Polarität zusammengehört, symbolisiert die Weltesche Yggdrasil.
Eine Esche ist außerordentlich elastisch, stabil und belastbar. Mit diesen Eigenschaften übertrifft sie sogar die Eiche. Ihre zentrale Bedeutung innerhalb der nordischen Mythologie dürfte in ihren symbolisch zu verstehenden Eigenschaften liegen. Sie ist das Sinnbild für Struktur und Ordnung, für Ausgewogenheit, Sicherheit und Standfestigkeit. Sie gilt als Garant für das Leben der Götter. Ihr Untergang ist in gleicher Weise der Untergang der Götter.
Die Esche Yggdrasil wird als Achse des Weltalls beschrieben. Sie berührt mit ihren Ästen einerseits den Himmel und bedeckt andererseits mit ihren Zweigen die Erde. Sie vertritt das Phänomen des Gegensatzes und der Verbindung von gegenläufigen Impulsen. Fressen vier Hirsche an ihren frischen Trieben, erzeugt gerade die scheinbare Zerstörung neue Triebe. Werden und Vergehen bilden, wie bei einer Waage, einen sich ausgleichenden Gegensatz. Drei Wurzeln ernähren diesen Baum und schenken ihm Lebenskraft. Die erste Wurzel richtet sich nach Asgard, dem Wohnsitz der Götter. Hier tagen sie immer wieder und sprechen Recht. Es ist gewissermaßen ein heiliger

Ort, der, wie die Figur der Justitia, mit verbundenen Augen eine Waage in der Hand hält. Die Unterscheidung von Recht und Unrecht auf diese Weise ist Aufgabe der Götter. Dass sie sich daran immer weniger halten, ist ein Grund für den späteren Untergang.

Die zweite Wurzel weist nach Jötunheim, in das Reich der Riesen. Die dritte Wurzel schließlich führt in die Unterwelt, das Reich der Toten, in dem die düstere Göttin Hel haust. Am Quell Urfarborn sitzen drei weise alte Frauen, die Nornen, die die Wurzeln täglich begießen. Sie sorgen für den Erhalt der Leben spendenden Wurzeln ohne wertendes Urteil. Offensichtlich sind alle drei Wurzeln, ob sie ein gutes oder problematisches Moment vertreten, für das Gedeihen der Esche Leben erhaltend. Die Quelle Urfarborn entspringt im Asenland. Das Wasser des Lebens, und die in vielen Märchen immer wieder thematisierte Suche danach, um der Gefahr des Todes zu entgehen, ist nicht nur wörtlich zu nehmen. Tod in seiner negativen Konotierung bedeutet, dass die Chance, das Leben in einem ständigen Entwicklungs- und Wandlungsprozess zu begreifen, nicht mehr zur Verfügung steht. Das befruchtende Wasser des Lebens erlaubt, sich wieder an den Prozess des sich ständig erneuernden Lebens anzuschließen.

Unter der zweiten Wurzel, Im Reich der Riesen, befindet sich der Mimirbrunnen. Es ist der Hort des Wasserriesen Mimir, der alles weiß. Diese Weisheit ist vollkommen, denn die Urwelt war seine Amme. Er ist im Verein mit dem Wasser, als Leben spendendem Prinzip, dem positiven Aspekt des Archetyps der „großen Mutter" zuzuordnen. Männliches und Weibliches verbindet sich zu einer Einheit, die nicht mehr geschlechtsspezifisch zu verstehen ist, sondern auf einer höheren Ebene Ganzheit als Urbild vertritt.

In der Unterwelt, an der dritten Wurzel, entspringt die Quelle Hwergelmir, aus der wiederum drei so bezeichnete Höllenflüsse entspringen. Ihre Qualität ist das Böse.

Basis und Wurzeln der Weltesche, das in die Tiefe führende Prinzip: Die Introversion.

Die Introversion symbolisiert eine Perspektive, die aus Jungscher Sicht Ausdruck einer Innenschau ist. In der Selbstbetrachtung erkennt man bewusstseinsferne Persönlichkeitsanteile, die erkannt werden wollen, auch wenn sie in der Tiefe gut verborgen sind. Dabei kann es sich ebenso um Schätzenswertes, als auch um Gefährliches handeln. Was befindet sich in der Tiefe der Weltesche?

Unter den Wurzeln der Esche haust der Drache Nidhögg. Er repräsentiert bedrohliche Aspekte. Drachen werden von jeher dem negativ- weiblichen Bereich zugeordnet. Sie vertreten den dunklen Aspekt des Mütterlichen, die Bedrohung, gefressen, verschlungen zu werden, was zu einer Gefährdung in der Ausgestaltung autonomer Impulse führen kann. Auch das Unbewusste jedes Menschen birgt diese Gefahr in sich. Die Inhalte der Tiefe wollen behutsam wahrgenommen werden, damit sich die destruktive Kraft in positive vitale Energie wandeln kann. In der Bildersprache der Weltesche könnte der Drache darum genau in der Mitte zwischen dem Schattenreich der Hel und dem weisheitsvollen Mimir und seinem Mimirbrunnen liegen.

Letztendlich ist es das Ich, das die Fähigkeit besitzt, zu unterscheiden, welchen Schwerpunkt es setzen möchte. Die Freiheit zur Entscheidung ist gleichzeitig auch die Zumutung der Entscheidung. Erkenntnis als Voraussetzung für Weisheit führt nicht unbedingt zu einem leichteren Leben. Im Schattenreich der Hel kann es gelegentlich ganz gemütlich sein. Einen möglichen Wandlungsprozess des Drachens hat Michael Ende am eindringlichsten beschrieben: Frau Mahlzahn, die bösartige Lehrerin in Kummerland, wird durch den mutigen, von einem erstarkten Ich getragenen Einsatz von Jim Knopf und Lukas, dem Lokomotivführer, zum goldenen Drachen der Weisheit. Aber dieser Prozess der Wandlung braucht Raum und Zeit.

Die Spitze der Weltesche, das in die Weite weisende Prinzip: die Extraversion.

Aus der Perspektive der Analytischen Psychologie könnte die Spitze der weitreichenden Esche der Einstellungsweise der Extraversion, wie sie Jung bezeichnet, entsprechen.

Während an den Wurzeln der Esche der Drache Nidhögg als Vertreter des dunkeln Prinzips haust, befindet sich an der Spitze des Baumes ein Adler zwischen dessen Augen ein Habicht thront. Ist der Drache unter symbolischem Blickwinkel dem mütterlichen Prinzip in seinem dunklen, lebensvernichtenden Aspekten nahe, steht der Adler als Sonnenvogel für die Weite des Raums, für Licht und die Fähigkeit, einen klaren Überblick zu haben. Der „vielwissende" Adler, wie die Edda ihn beschreibt, ist Vertreter des wachsamen, ordnenden Prinzips. Er fühlt sich vor allem für Midgard, die Welt der Menschen, verantwortlich.

Damit repräsentieren diese Vögel die Welt des Geistigen, eine Perspektive, die sich deutlich von der erdverbundenen Sicht des Drachens, mit dem Schwerpunkt des Habens unterscheidet. Der Adler der Weltesche weist auf Wert und Würde mit Hilfe einer klärenden Weitsicht hin. Es ist die uneingeschränkte Freiheit des Geistes, die Einsicht in Sinn und Ziel des Seins erlaubt. Darüber hinaus symbolisiert der Adler auch die Fähigkeit zu Kampf und Sieg. Aggressive Impulse können umgeformt werden und damit wiederum Freiheit ermöglichen. Aktives Handeln schenkt Unabhängigkeit. Passives Verharren provoziert Angst. Nicht umsonst ist der Adler eines der beliebtesten Wappentiere, wenn auch das Wissen um die mit dem Wert verbundene Aufgabe zur höheren Einsicht nicht allen bewusst ist, die sich dieses Zeichens bedienen.

Charakteristisch für den Adler wie des mit ihm verbundenen Habichts sind die scharfen Augen, denen nichts entgeht. Damit sind die beiden Tiere aber auch Raubvögel, die das Leben kleinerer Tiere bedrohen. Wert, Würde und Ja zum Leben stehen im Gegensatz zu der ihnen innewohnende Todesgefahr. Die Tiefe unter den Wurzeln der Weltesche und ihre oberste Spitze schließen also die umfassende Thematik von Tod und Leben in sich. Wird Wandlung als Wert anerkannt, ist eine bewusste positive Einstellung möglich, gerade weil die Todesgefahr ständiger Begleiter des Lebens ist. Der Aspekt einer permanenten Gefährdung wird durch vier Hirsche symbolisiert, die unentwegt an den jungen Trieben der Esche knabbern.

Das befruchtende Wasser aus der Tiefe kann diese Bedrohung jedoch bannen. Bedeutet das für uns Menschen, dass wir uns immer wieder den Kontakt zur Tiefe abverlangen müssen, um die eigene Fruchtbarkeit aufrecht zu erhalten? Kreativität und aktive Lebensgestaltung brauchen den Zugang zu unseren inneren Quellen, den positiven und den gefährlichen. Nur im Zusammenklang von beiden gegenläufigen Perspektiven kann Schöpferkraft wirksam werden und zur Gestaltung finden.

Jede von Bewusstheit getragene Lebenseinstellung, ob introvertiert oder extravertiert, ist auf die eigenen kreativen Kräfte angewiesen. Es sind Begabungsressourcen unterschiedlichster Art, die in jedem Menschen schlummern. Sie erlauben den Zugang zu unseren inneren Kraftquellen Nicht umsonst hat Joseph Beuys bemerkt, dass jeder Mensch ein Künstler sei.

Das verbindende Prinzip in seinen gegenläufigen Aspekten

Diese Notwendigkeit repräsentiert das Eichhörnchen Ratatorsch. Es läuft am Stamm der Esche auf und ab, eine klassische Intrigantin. Dem Adler berichtet sie von der Niedertracht des Drachen, jenem gegenüber macht sie den Adler schlecht. So sät es Zwietracht und erschwert Möglichkeiten, Gemeinsamkeiten zu entwickeln und positive Verbindungen zu schaffen. In der Bewertung wird aufgespalten: Der Adler ist dem Prinzip des Guten verbunden, während der Drache Vertreter des Bösen bleibt.

Vernichtungswille und die Entwicklung geistiger Wachheit stehen sich feindselig gegenüber. Und das Eichhörnchen trägt das Seine dazu bei.

Diese Tiere wurden in der nordischen Mythologie aufgrund ihrer blitzartigen Geschwindigkeit, ihrer Fähigkeit zu Riesensprüngen dem Feuer zugeordnet. Voller Lebenskraft und dank ihrer Vorratswirtschaft werden diesen Tieren auch die negativen Aspekte von Geiz und Gier zugeordnet. Das Eichhörnchen ist angesichts seiner Unberechenbarkeit und Geschwindigkeit Loki, dem Gott der Ränke, der Doppelbödigkeit verbunden und damit seinen destruktiven Impulsen nahe. Umso mehr, als auch Loki dem Element Feuer zugeordnet wird

Das Feuer ist jedoch nicht ausschließlich destruktiv, indem es Substanz zerstört. Es hat auch eine Leben schaffende Seite. Es ist Symbol der Wandlung und Erneuerung und schafft Fruchtbarkeit und damit neue Möglichkeiten der Entfaltung.

Ähnlich wie die Weltesche durch Kontraste charakterisiert wird, polarisiert Nietzsche, allerdings in eindeutiger Bewertung von Gut und Böse: „Aber es ist mit dem Mensch wie mit dem Baume. Je mehr er hinauf in die Höhe, und Helle will, umso stärker streben seine Wurzeln erdhaft, abwärts ins Dunkle, Tiefe – ins Böse" (Nietzsche, 1982, S. 45).

Die Herausforderung bedeutet jedoch nicht, in dieser wertenden Gegenüberstellung zu verharren, sondern in der Wahrnehmung das Geheimnis der Vielfalt zu erleben, die nicht nur den Gegensatz, sondern auch den Ausgleich darstellt. Dann bewahrheiten sich die Worte des großen Geigers und Philosophen Yehudi Menuhin, wenn er sagt: „Ein Baum ist eine unerschöpfliche Quelle wunderbarer Erkenntnisse" (Menuhin, 1989).

C. G. Jung hat immer wieder auf die archetypische Bildhaftigkeit der Bäume hingewiesen. Er nannte den Baum in seiner vielschichtigen Symbolik eine archetypische Wachstums-Hieroglyphe. Damit spricht er das Konkrete in-der-Welt-Sein, das Wachsen in Raum und Zeit an. Zusätzlich entspricht der Baum aber auch dem Leben und Erleben des einzelnen Menschen. Nicht umsonst ist der Baumtest ein wichtiger Hinweis auf die Befindlichkeit eines Menschen. Größe und Umfang, Schwärzungen oder gestutzte Äste - es eröffnet sich eine Vielfalt von Deutungsmöglichkeiten, die einen tief in die Persönlichkeit eines Menschen blicken lassen (Koch, 1967, S. 51).

In wie starkem Maße Bäume über eine Lebenskraft verfügen, die analog der Weltesche zu einer Kommunikation mit zahlreichen Tieren führt, hat Peter Wohlleben untersucht (Wohlleben, 2015, S. 114 ff.). Insofern dürften die Tiere, die dem Weltenbaum zugeordnet sind, seine hohe symbolische Bedeutung unterstreichen. Zusätzlich kommunizieren Bäume selbst mit ihrer Tiefenschicht. Ein leichtes Knarren der Wurzeln bewirkt in den Spitzen Leben und Bewegung (Wohlleben, 2015, S. 20).

Ein irrationaler Austausch im Reich der Natur? Leben da, wo wir bisher nur Existenz wahrnahmen? Könnte auch in der Natur etwas Seelenhaftes mitschwingen? Die heilenden Kräfte eines Waldspaziergangs, das frische Grün, wonach das Herz verlangt, wie es in einem alten Volkslied heißt, schenkt Zuversicht und Lebensfreude. Sich vom lebendigen Reichtum der Natur beschenken zu lassen, ihre geheimnisvollen Kräfte Wert zu schätzen, statt sie auszubeuten oder gar zu zerstören, das ist dringende Aufgabe, um uns Menschen, die wir auch ein Stück Natur sind, am Leben zu erhalten.

Exkurs: Das Wesen des Rätsels

Yggdrasil ist in ihrer Symbolik so vielschichtig, dass es verführerisch ist, in einer wertenden Haltung stecken zu bleiben. Das Geheimnis des Baumes in seiner äußerlich und geistig zu verstehenden Größe ist, dass er als Symbol nicht nur für den Menschen, sondern auch für das Leben an sich zu verstehen ist. In seiner Rätselhaftigkeit liegt aber auch die Lösung. Sie scheint jedoch nicht ausschließlich in der, die Gegensätze verbindenden Polarität von Hell und Dunkel, Gut und Böse zu liegen. Rätsel bleiben in sich doppeldeutig. Der naiv-neugierige Verstand sucht jedoch in der Regel nach einer rationalen Erklärung. Wenn er sie nicht sofort findet, so begnügt er sich entweder mit einer ebenso billigen wie unzureichenden Annahme oder wendet sich enttäuscht ab. Es scheint dem Menschen sehr schwer zu fallen, mit Rätseln zu leben oder diese leben zu lassen, obschon man meinen sollte, dass bei der prinzipiellen Rätselhaftigkeit der Existenz ein wenig mehr oder weniger Unerklärliches, kaum eine Rolle spielen dürfte.

„Aber vielleicht ist eben gerade das so unerträglich, dass es in der eigenen Seele irrationale Dinge geben soll, welche das Bewusstsein in seiner Illusion von Sicherheit und

Klarheit beunruhigen, indem sie ihm das Rätsel seines Daseins in greifbare Nähe bringen" (Jung, 1973, Aion § 45).

Das berühmteste Beispiel für die irrationale Vieldeutigkeit eines Rätsels ist die Sage von Ödipus und seiner Begegnung mit der Sphinx. Zwar hatte er es vordergründig erraten, wenn er meinte, dass die Lösung der Mensch sei. Er blieb jedoch dabei in der vordergründigen, rationalen Orientierung stecken. Die Rätselhaftigkeit des Menschseins liegt in der Tatsache, dass wir auch ein Geistwesen sind und die Rätsellösung den Entwicklungsprozess des Menschen in sich schließen muss. Ich, der Mensch Ödipus, bin zu Beginn des Lebens in der realen Abhängigkeit vom weiblich-mütterlichen Urgrund befangen. Diese Basis ist der Garant für eine progressive Entwicklung. Das Ich erkennt auf dem Weg zum Erwachsenwerden den Spannungskonflikt der Polarität, so, wie die Weltesche es symbolisiert. Hier stecken zu bleiben, ist eine weitere Gefahr. Der entscheidende Punkt ist, den Weg in den Geist getragenen Überblick zu gewinnen. Das ist das Erringen der Position, die in eine erweiterte dreidimensionale Wahrnehmung weist. Das Ich kann am Abend des Lebens Wesentliches von Unwesentlichem unterscheiden, weil es einen Überblick gewonnen und gleichzeitig einen Zugang zum eigenen Selbst gefunden hat. Jedes Rätsel beinhaltet im Grunde diesen Zugang zu archetypischen Erkenntnissen, wie wir es auch in den vielfältigen Märchen der Turandot-Thematik in Märchen kennen. Rätselprinzessinnen sind vielleicht der Natur näher und stellen darum dem Männlichen mit der Rätselfrage, wer ich sei, auch die Frage nach dessen Ich und Selbst.

Das wird am schönsten in dem persischen Märchen von
Turandot dargestellt (Nizami, 1959, S. 127).

Die wunderschöne und kluge Prinzessin, die mit magischen Kräften ausgestattet ist, kann nur errungen werden, wenn ein Bewerber sich von blinder Leidenschaft befreit. Das unreflektierte Begehren, die Faszination führt in
den Tod. Viele Prinzen, Ritter, Könige mussten ihre fehlende Reflexion mit dem Leben bezahlen. Ein Prinz be-
greift dieses erste Geheimnis und geht für einen langen
Zeitraum bei einem „Alten Weisen", der in einer abgele-
genen Höhle wohnt, in die Schule. Dieser Weg der Selbsterkenntnis ermöglicht ihm, den tödlichen Schwertzauber
der Prinzessin zu bannen. Erst jetzt ist der Weg frei für die
Konfrontation mit dem Rätsel von Person und Beziehung
Hierbei geht es nicht um eine selbstgefällige Darstellung
der eigenen Klugheit mit schönen Worten, sondern um
eine Begegnung auf intuitiver Ebene. Im Mittelpunkt des
wortlosen „Dialoges" steht das Rätsel menschlicher Bezie-
hungsfähigkeit in Nähe und Distanz, in Einfühlung und
Abgrenzung.
Die Prinzessin schickt zwei Perlen. Indem sie mit ihnen die
Kürze der Zeit betont, die es darum zu nutzen gilt, antwortet der Prinz mit drei gleichartigen Perlen und ergänzt
sie damit zur fünf. Im Symbol antwortet er, dass auch fünf
Tage dem Gesetz der Kürze der Zeit und damit des Lebens unterworfen sind. Die Basis einer stabilen Beziehung
liegt in der Übereinstimmung, die begrenzten Stunden des
Lebens wach nutzen zu wollen.
Zusätzlich ist zu vermuten, dass die Prinzessin anfragt, ob
eine Zweierbeziehung ihren Wert ausschließlich in der von

Harmonie und Übereinstimmung erfüllten konfliktfreien Beziehung sieht. Der Prinz betont im Symbol der Zahl fünf den ergänzenden, spannungsreichen Gegenpol. Die wortlose Antwort könnte damit heißen, dass der Prinz sowohl Harmonie als auch Konfliktbereitschaft als tragfähige Pfeiler einer Zweierbeziehung sieht.

Indem die Prinzessin die Perlen zu Staub zermahlt und mit Zucker mischt, vermittelt sie dem Prinzen die Botschaft, dass ihr bewusst ist, dass es in der Beziehung immer darauf ankommt, das Unvergängliche vom Nichtigen zu unterscheiden. Der Prinz antwortet, indem er auf das Gemisch Milch gießt, wodurch sich der Zucker auflöst, während der Perlenstaub auf dem Grund des Glases bleibt. Hinter diesem Tun ist die Frage verborgen, ob der Prinz in der Lage ist, Wertvolles von Unbedeutendem zu unterscheiden. Könnte sich dadurch ein Garant für eine tragende Beziehung ergeben?

Die Prinzessin trinkt die Milch und übersendet dem Prinzen einen Ring. Sie gibt ihre Einwilligung zur Heirat und anerkennt seine überlegene Weisheit.

Er antwortet mit einer blauen Glasmurmel, die er zwischen die zwei deckungsgleichen Perlen legt. Es ist die Ergänzung zur Drei, die Möglichkeit einer sich liebenden Vereinigung im gemeinsamen Kind. Es ist aber auch, wie im Märchen betont, in der blauen Glasperle symbolisch der Schutz gegen den „bösen Blick" enthalten. Damit schließt sich der Kreis. Auch jede von Liebe getragene Beziehung muss dem Einzelnen dunkle Seiten zugestehen, die erschrecken können. Dann kann sich eine ganzheitliche Weiterentwicklung vollziehen, auch in der Partnerschaft.

Dieses persische Märchen zeigt in seiner blumenreichen Sprache, dass nur die Intuition in der Lage ist, die Rätsel des Lebens, wozu in erster Linie Beziehung gehört, zu lösen. Trotz aller Klugheit, der Fähigkeit zu denkender Erkenntnis, bedienen sich beide Protagonisten der wortlosen Symbolsprache, um sich zu finden.

6.
Nordischen Mythen- Geschichten hochambivalenter Beziehungen

Die nordischen Mythen leben von Gegensätzen, die sie gelegentlich zu einem verwirrenden Chaos machen. Sie pendeln in ihren Aussagen zwischen sich ausschließenden Extremen, andererseits zeugen sie von Verbundenheit und Solidarität. Sieg und Niederlage, Triumph und empfindlicher Verlust, Herrschaft und Untergang faszinieren, können aber auch in eine emotionale Distanzierung führen. Wir erkennen in ihnen unsere Stärken, aber auch unsere Schwächen. Der Spiegel, den sie dem Menschen vorhalten, ist nicht immer schmeichelhaft, aber sehr heilsam.

Die Riesen, die komplexen Möglichkeiten des Bewusstseins

Riesen spielen in der germanischen Mythologie eine bedeutende Rolle. Auch sie sind durch gegenläufige Eigenschaften und Verhaltensweisen charakterisiert. Zum einen sind sie machtvoll, Vorläufer der Götter. Ihre Stärke kann sich in freundlicher Überlegenheit zeigen. Spuren ihrer beeindruckenden Dominanz finden wir bis heute in der Sprache, wenn wir von Riesenkräften, Riesenhunger oder Riesenangst sprechen. Damit wird die Eigenschaft des Übermächtigen der Riesen benutzt, um ein gewaltiges Empfinden lautmalend wieder zu geben. Riesen sind eng mit der Natur verbunden und benutzen sie auch, um sich in ihrer übernatürlichen Kraft zu zeigen. Sie wälzen Felsbrocken, reißen Bäume aus und werden für Unwetter verantwortlich gemacht. Gut zu den Frost- und Eisriesen der Edda scheint das Riesengebirge mit seinen unberechenbaren Wetterkapriolen, dem Schneereichtum und den Gletscherseen im Norden zu passen. Nicht umsonst heißt der höchste Berg dieses Gebirgszuges Schneekoppe. Der Berggeist des Riesengebirges ist Rübezahl. In zahlreichen Märchen und Mythen zeigt er sich in manchen Situationen als hilfreich, in anderen Verderben bringend. Nach Musäus, einem der ältesten Märchensammler, ist Rübezahl „launisch, ungestüm, sonderbar, bengelhaft, roh, unbescheiden, stolz, eitel, wankelmütig, heute der wärmste Freund, morgen fremd und kalt" (Musäus, 1974, S. 174). So bestätigt sich, dass diese Gestalt ihre Wurzeln bei den Riesen in ihrem unberechenbaren Wesen und Tun hat. Die raue Witterung des Riesengebirges dürfte diesen Hintergrund unterstreichen.

Riesen verkörpern eine archaische Dynamik. Sie sind Vertreter von Macht und Gewalt, von Einfalt und Naivität. Sie repräsentieren sowohl List und Tücke, als auch Schönheit und Überlegenheit. In ihnen verknüpfen sich Polaritäten, die zur Identifikation herausfordern, aber gleichermaßen auch ängstigen.

Ihre naive Überlegenheit wird am deutlichsten im Gedicht Adalbert von Chamissos vom Riesenspielzeug dargestellt. Aber auch ihre Gutmütigkeit wird hier sichtbar, die den Menschen in ihrem Tun ihre Notwendigkeit zugesteht. Nicht selten werden sie als tölpelhaft beschrieben, wie im Märchen vom tapferen Schneiderlein. Eine positive Eigenschaft ist ihre sprichwörtliche Riesentreue.

In der nordischen Überlieferung gelten die Riesen als Vorläufer des Menschen. Sie werden häufig als ein Abbild der Naturgewalten aufgefasst. Gewitterstürme, die ungezähmten Elemente, schroffe Berge und tiefe Abgründe sind ihnen zugeordnet. Sie lieben die Zerstörung, das Chaos, die eisige Dämonie des Winters und das ewige Eis. Dem wilden Meer sind sie ebenso verbunden wie der Eiseskälte und mörderischen Hitze.

Riesen vereinigen in sich eruptive positive und negative Naturkräfte, ebenso Eigenschaften, die angesichts ihrer Schwierigkeiten, spontane Impulse zu kontrollieren, Schöpferkraft ebenso wie Destruktion in sich tragen.

Sie sind jedoch nicht wirklich böse, sondern eher unbewusst, gelegentlich sogar gutmütig. Nicht selten werden sie als tölpelhaft beschrieben. Eine positive Eigenschaft ist ihre sprichwörtliche Riesentreue.

Obwohl es in der Urzeit auch freundliche Beziehungen zu den Göttern gab, so wurden sie schrittweise zu gefährlichen Gegenspielern.

Der Bau der Zyklopenmauer

Einst kam ein gewaltiger, starker Mann, der sich später als Eisriese entpuppte, zu den Göttern. Er erbot sich, in nur einem Winter eine gewaltige Mauer um Asgard zu bauen. Er brauche nur sein Pferd zur Hilfe. Als Lohn verlangte er Sonne und Mond sowie die Göttin der Schönheit, Freyja. Da die Arbeit nach göttlichem Ermessen nicht innerhalb eines Winters fertig gestellt werden könnte, stimmte der Götterrat zu, nur Thor und Baldur fehlten. Loki unterstützte den Vertrag mit dem Hinweis, dass selbst die Hilfe eines Pferdes nicht genügen würde, die Mauer in diesem Umfang und der angebotenen extremen Festigkeit zu bauen.

Zyklopenmauerwerke werden aus großen Steinen ohne Mörtel errichtet. Sie existieren bereits seit der Jungsteinzeit und wurden bei den Hethitern und Etruskern, bei den Ägyptern, in der Antike und auf Malta, aber auch in Südamerika gebaut. Selbst Teile der Chinesischen Mauer sollen auf diese Weise entstanden sein.

Der Riese war in der Lage, mit Hilfe seines Pferdes ungeheure Steinmassen zu bewegen und schien seinen Vertrag zu erfüllen. Da die erschreckten Götter ihre heiligen Eide nicht brechen durften, suchten sie in Loki den Schuldigen und zwangen ihn, einen Ausweg zu ersinnen. Als der Riese sein Pferd einspannen wollte, um die letzten Torpfeiler zu errichten, galoppierte im gleichen Augenblick eine rassige Stute aus dem Wald. Des Riesen Hengst riss sich los und verfolgte die Stute. Umsonst versuchte der gelinkte Baumeister sein Pferd einzufangen. Ergrimmt und um seinen Lohn betrogen, riss er Felsbrocken aus der Mauer und warf sie auf die Götter. In diesem Augenblick kehrte Thor zurück, sah das Unheil und zerschmetterte mit seinem Hammer die Stirn des Riesen. Als Thor von den Eiden der Götter erfuhr, war er sehr betroffen, denn unwillentlich hatte er dazu beigetragen, die heiligen Eide zu brechen. Zusätzlich stellte sich heraus, dass Loki in Gestalt der Stute die Überlegenheit des Riesen hintertrieben hatte.

Wie könnte diese mythologische Geschichte mit den Mitteln des Jungschen Symbolverständnisses gedeutet werden?

70

Mit dem Auftrag eines sichernden Mauerbaus glaubten die Götter einen Schutz vor eindringenden Feinden, vor allem vor den Riesen, zu besitzen. Sie wollten sich damit aus innenpsychischer Sicht von ihrer eigenen dunklen Seite, ihrem Schatten distanzieren und damit die Illusion ihrer ausschließlich lichten Göttlichkeit vor eindringenden Triebimpulsen zu schützen. Als unbewusste gegenläufige Haltung versprachen sie Symbole von strahlender Helligkeit und Schönheit in Gestalt von Sonne, Mond und Freya als Lohn.

Der zustande kommende Vertrag, der angesichts einer naiven Selbstüberschätzung eine hohe Gefährdung der Götter in sich schloss, verkannte die Riesenkräfte des Baumeisters ebenso, wie die archaische Überlegenheit der Pferdekräfte. Das leichtfertige Versprechen der Götter, Sonne Mond und die schönste Göttin in die Waagschale zu werfen, dürfte Hinweis auf ihre angemaßte Überlegenheit sein. Diese Illusion mussten sie in der Wahrnehmung der Vitalität des Riesen begraben und sich dafür mit ihren existentiellen Ängsten auseinander setzen, die immer dann aufbrechen, wenn eine überhöhte Selbsteinschätzung auf die Realität trifft. Indem die Götter Loki zum Schuldigen erklärten, machten sie sich gleichzeitig von ihm und seinen listigen Einfällen abhängig. Als innerpsychisches Phänomen zeigt sich, dass die Passivität der Götter, die lieber für sich arbeiten ließen, als selbst anzupacken, einen empfindlichen Autonomieverlust darstellt. Aktiver Gestaltungswille ist zwar mühsam, erlaubt jedoch die Entwicklung von Eigenständigkeit, so dass sich statt Angst Selbstvertrauen und Zuversicht einstellen kann.

Nun hatten die Asen Orientierung gebende Gesetze und Regeln gebrochen, die sie selbst aufgestellt hatten. Lug und Betrug fand damit bei ihnen Einlass. Über diesen Verlust von Wert und Würde, Treu und Glauben zeigten sich erste Spuren einer beginnenden Götterdämmerung. Dem Riesen, der mit der Erfüllung seines Auftrages den wankelmütigen Göttern die Stirn geboten hatte, wurde durch den unwissenden Thor genau diese Stirn zerschmettert. Müssen Götter groß bleiben, weil sie Götter sind? Kann man ihnen einen Rechtsbruch verzeihen? Der redliche Thor sagte nein. Er bedauerte das Unrecht, das er unwillentlich begangen hatte.

Wurden die Riesen in der Edda noch als vollkommene schöne Wesen geschildert, in deren Frauen sich selbst die Götter verlieben, werden sie allmählich in der Beschreibung immer hässlicher, Zerrbilder ihrer einstigen Schönheit. Darin könnte sich der langsame Erkenntnis- und Entwicklungsschritt der Perspektive der Heranwachsenden widerspiegeln.

Exkurs: Die Riesen unserer Zeit

Tiefenpsychologisch könnte sich in den Riesen in überhöhter Form möglicherweise die Dominanz von Eltern und Autoritätsfiguren verbergen. Wie erleben Kinder Eltern, Lehrer bis hin zu künftigen Vorgesetzten? Sind sie nicht die Riesen, die übermächtig bestimmen? Sie haben die Macht in Händen und verlangen von den Kindern, weil sie abhängig sind, Anpassung bis hin zur beschämenden Unterwerfung. Es gilt das Recht des Stärkeren.

Aber dies betrifft nicht nur Eltern und Pädagogen. Wie geht es uns mit den Riesen der Wirtschaft, mit den Machthabern der Politik, die sich allmächtig gebärden? Sie nehmen sich Freiheiten heraus, die den „Kindern" nicht zugestanden werden. Gibt ihnen ihr Machtbedürfnis, ihr Herrschaftsanspruch, ihre wirkliche oder demonstrierte Souveränität die Freiheit, das Recht zu ihren Gunsten zu beugen? Ist es erneut ein archetypisches Thema, dass Recht immer mit zweierlei Maß gemessen wird? Findet sich eine Parallele in der Vergangenheit mit der Forderung, cuius regio eius religio? Wer die Macht hat, bestimmt nicht nur die Religion, sondern offensichtlich auch das Recht.

Als Folge ergibt sich zumindest eine unglückselige Polarisierung, denn auf diese Weise werden die ohnmächtig gemachten Menschen gezwungen, über indirekte Machenschaften die Kräfteverhältnisse umzukehren. Nicht selten werden die Riesen auf diese Weise zu den Unterlegenen. Die Kleingemachten versuchen über List und kluge Einfälle die Machtverhältnisse umzukehren. Das beste Beispiel hierfür ist das Märchen vom tapferen Schneiderlein. Die klugen Einfälle in Verbindung mit intuitivem Ahnen verhelfen dem schwachen Schneiderlein zu dem Sprung in die Überlegenheit.

Auch große Machthaber stolpern nicht selten über ihren eigenen Schatten und verlieren eine Überlegenheit, die nicht in ihrer Persönlichkeit, sondern im angemaßten Machtanspruch liegt.

Auch in der Eltern-Kind-Beziehung lauert die Falle eines Kräfte zehrenden Machtkampfes. Zunächst kann es jedoch noch nicht über/um ein Kräftemessen auf Augenhöhe gehen. In der offenen Auseinandersetzung sind die

Heranwachsenden ihren Eltern noch unterlegen. Aber mit Hilfe von List gelingt es bereits, gelegentlich Überlegene zu Unterlegenen zu machen.

Waren die Eltern einst allmächtig, riesengroß und in ihrer Überlegenheit unantastbar, entdeckt die jüngere Generation allmählich Schwächen, ein fehlerhaftes, gelegentlich doppelbödiges Verhalten und eine Begrenztheit ihrer Allmacht. Eltern verlieren an Bedeutung. Die nächste Generation drängt in den Mittelpunkt. Die Alten müssen überwachsen werden und zurücktreten. Ist es ihnen möglich, das so zuzulassen, es als archetypisches Gesetz des Lebens anzuerkennen, sich vielleicht sogar daran zu freuen? Darf es zu einer Entlastung werden, Macht, Ansehen und Überlegenheit der nächsten Generation zu überlassen? Liegt hier die Quelle einer Weisheit, deren die jüngere Generation bedarf, um mit den vielschichtigen Herausforderungen, die die Zukunft an sie stellt, fertig zu werden?

Die Komplextheorie von C. G. Jung

Die Riesen in ihrer Vielschichtigkeit verdeutlichen Themenbereiche, denen Jung viel Aufmerksamkeit zuwandte. Er nannte sie die Komplexfelder. Wenn wir diesen Begriff heute schnell mit einer negativen Wertung versehen, wollte Jung damit deutlich machen, dass es viele menschliche Situationen gibt, die sich mit positiven genauso wie mit negativen Gefühlen aufladen können.

Komplexe gleichen Verstrickungen, oder auch Verirrungen, wie sie häufig in Märchen geschildert werden. Sie drängen zur Auseinandersetzung. Wird dies übersehen, führen sie zu einer seelischen Hemmung. Ein Energiefluss erstarrt. Es gibt zum Beispiel den Elternkomplex, den Schul- und Lehrerkomplex, den Geschwisterkomplex, um nur einige zu nennen. Je nach Erfahrung und früher Prägung können diese positiv oder negativ besetzt sein. In der Regel laden sich Komplexe dann mit intensiven Gefühlen auf, wenn sie mit Scham und Schuld mit Unterlegenheit und Ohnmacht, mit Angst und Versagen verknüpft sind. Zumeist sind negativ besetzte Komplexfelder im Unbewussten gespeichert. Taucht im Erwachsenenleben erneut eine ähnliche Konfliktsituation auf, besteht die Gefahr, dass alte Fühlmuster aktiviert werden. Es reagiert dann nicht mehr ein souveränes Ich, sondern das verstörte Kind von ehedem. Damit ergibt sich die Wiederholung einer demütigenden, ängstigenden oder auch mit subjektiven Gefühlen der Unterlegenheit und Schuld verbundene Realität, die einen erneuten Komplex aktivieren kann. Es ist zumeist jener einer schicksalhaften Abhängigkeit, die Hoffnung und Zuversicht, die Aufgaben des Lebens zu bestehen, lähmt.

Komplexe können eine individuelle Handschrift tragen und sind dann häufig verknüpft mit traumatischen Erfahrungen. Auch sie werden angesichts des Schmerzes häufig ins Unbewusste verdrängt. Dort können sie eine negative Wirksamkeit entfalten und je nach aktueller Situation explodieren. Aggressive Manifestationen, Wutausbrüche oder auch tiefste Verzweiflung, Gefühle, die sich jeglicher vernünftiger Argumentation entziehen, sind dann die Folge.

Es gibt zusätzlich den Bereich der archetypischen Komplexfelder. Sie sind eng mit Massenphänomenen verbunden und berühren kollektive Sehnsüchte ebenso wie kollektive Ängste. Massen sind für positive, ebenso wie für negative Suggestionen empfänglich. Die undifferenzierten Botschaften überschwemmen ein kritisches Ich-Bewusstsein und können in einer Massenpsychose gipfeln. Die Angst vor dem Weiblichen in seiner spendenden, aber ebenso gefährlichen, verschlingenden Qualität führte zum Beispiel in den Massenkomplex des Hexenwahns und seiner Verfolgung. Durch die Konzentration des negativen Komplexes auf eine bestimmte Gruppe, ein Volk, eine Glaubensrichtung, wird eine diffuse Bedrohung konkret. Man kann sie bekämpfen und sich zusätzlich als Teil einer kollektiv getragenen Wahrheit fühlen.

Individuelle oder kollektive Komplexe sind immer mit starken Emotionen verbunden. Je gefühlsbetonter ein Komplex ist, desto massiver ist die Reaktion.

Komplexe tragen in sich ein hohes Maß an psychischer Energie. Sie sind Kraftquellen, die man positiv nutzen kann, wenn sie ins Bewusstsein dringen dürfen. Dieser Schritt löst jedoch zunächst gravierende Ängste aus, kann aber auch zu einer Erstarrung des Ichs führen. Sie sind, wie Jung sagt, „Brenn- und Knotenpunkte des seelischen Lebens" (Jung, 1973, Bd. 6, § 925).

Sie bergen in sich die Chance, vitale Kräfte im Menschen zu aktivieren und das Leben bewusst zu gestalten. Gerade ihre enge Verbindung mit fühlendem Erleben ist gleichermaßen Gefahr und Chance. Aus einer tiefen emotionalen Betroffenheit kann als problematisches Phänomen durchschießende Aggression bis zur Zerstörungswut resultieren.

Die Chance besteht in der Aktivierung kreativer Begabungen und Möglichkeiten. Aus einem intensiven Berührtsein, einer Begeisterung für eine Sache, kann sich Forscherdrang entwickeln. Dem tiefen Gefühl, lieben zu wollen und in diesen Komplex einzutauchen, ohne sein Ich aufzugeben, verdanken wir die schönsten Liebesgedichte. Ein Beispiel dafür ist die Dichtung „Der west-östliche Divan" von Goethe. Er und Marianne von Willemer begegneten sich in dieser Gemeinsamkeit und schufen kongeniale Bekenntnisse zu diesem Liebeskomplex.

So könnte mit Blick auf die Riesen der nordischen Mythologie die hochambivalenteBeziehungssituation als Bild für den Umgang mit Komplexen zu verstehen sein.

Individuelles Beziehungsgeschehen zwischen Göttern und Riesen in Anziehung und Abstoßung sind Spiegel einer Aktivierung individueller Komplexe. In der sich zuspitzenden Feindseligkeit werden kollektive Komplexe aktiviert und führen schließlich zur wechselseitigen Entwertung bis zum Raknarök, dem Weltuntergang, der alles Leben vernichtet.

Die Zwerge, die bewusstseinsfernen Möglichkeiten

Zwerge sind gemäß der Überlieferung alte, der Erde verbundene Wesen. Sie leben unter Tage und halten sich fern vom Sonnenlicht. Die mythologischen Spuren weisen im Wesentlichen auf ihre negativen Eigenschaften. Sie sind klein, äußerlich unschön, gelegentlich fast lächerlich. Ihr Wesen ist zumeist unaufrichtig und nicht selten heimtückisch. Sie verfügen über große Reichtümer, die sich in der Regel unter der Erde verbergen. Nicht selten bewohnen sie in der Tiefe goldene und kristallene Paläste. Zu ihren widersprüchlichen Eigenschaften gehört Klugheit und Verschlagenheit, List und Weisheit. Darüber hinaus verfügen sie über große Kunstfertigkeit. Sie sind in der Lage, Wunderdinge zu schmieden. Aus ihren Händen stammen neben Geschmeiden und Gegenständen mit besonderen Eigenschaften, vor allem auch zahlreiche, sagenumwobene Schwerter.

Die Symbolik der Zwerge

Die Symbolik der Zwerge ist sehr vielschichtig. Wir können sie als Stimmen aus unserer eigenen Tiefenschicht interpretieren. Damit repräsentieren sie unsere unbewussten Möglichkeiten, die ebenso positiver wie negativer Qualität sein können. Einerseits sind es die Schattenaspekte unseres Menschseins. Alle die Eigenschaften, die wir im Tagesbewusstsein nicht akzeptieren und in den Untergrund drängen, bekommen Zwergengestalt. Sie sollen möglichst unbedeutend sein und unter die Oberfläche unseres Bewusstseins verschwinden.

Das Über-Ich als wertende und verurteilende Instanz möchte nur eine Persönlichkeitsentwicklung zulassen, die einzig die positiven Seiten verwirklicht. Dass gerade da, wo viel Licht ist, auch viel Schatten ist, wird negiert. In der Pädagogik wird dabei nicht selten übersehen, dass gerade die ausschließliche Förderung positiver Fühl- und Verhaltensweisen das Dunkel zwingend auf den Plan ruft. Es ist die

78

abgelehnte Zwergenidentität, die sich in Doppelbödigkeit und Scheinheiligkeit, Hinterlist und Verschlagenheit, in Lug und Trug äußert.

Wenn wir uns jedoch zu diesem kleinen Volk in den Untergrund begeben, entdecken wir gleichzeitig ihre Gestaltungskraft. Behandelt man sie mit Vorsicht und gleichzeitiger Wertschätzung können sie einen auch mit ihrem Reichtum beschenken. Als Hüter von Goldschätzen zeigen sie in der Symbolik die Sonnenkräfte des Goldes den hohen Wert dessen, was auch im Unbewussten liegt und manchmal ein Schattendasein führt. Auch die positiven Kräfte, Fantasie und Kreativität, Einfallsreichtum und Tatkraft sollten Wert geschätzt werden. Diese Aufgabe entspricht dem Bibelwort, dass man sein Licht nicht unter den Scheffel stellen soll.

Mir sind Beispiele aus der Praxis unvergesslich. Häufig hörte ich von Jugendlichen und jungen Erwachsenen, wenn ich ihren Kleidungsstil bewunderte, Äußerungen wie „ach, das ist schon alt", oder „das war ein Schnäppchen". Es schien mir so, als dürfe man sich nicht etwas Schönes leisten oder sich als schön empfinden. Eine neunzehnjährige, bildschöne junge Frau empfand sich zu Beginn der Therapie als „hässliches junges Entchen." In ihrer Wahrnehmung waren andere stets attraktiver und klüger. Einmal kam sie zur Stunde und sah wieder bezaubernd aus. Auf meine verbal ausgedrückte Bewunderung antwortete sie diesmal mit einem selbstbewussten Lächeln und dem Wort „Danke". Es war ihr möglich geworden, ihre verdrängten Lichtseiten aus dem Schatten zu befreien und sich einen selbstverständlichen Wert zuzubilligen.

Zwerge können treue Diener und bezogene Helfer sein; das wird uns im Märchen von Schneewittchen ebenso, wie in dem Grimmschen Märchen von den „Drei Männlein im Walde" verdeutlicht. Sie belohnen gute Taten und bestrafen schlechte.

Diese Tatsache ist jedoch weniger moralisch zu betrachten, sondern weist darauf hin, dass wir die Stimmen der Zwerge als ein Wissen aus dem Unbewussten anerkennen und nicht missachtend oder rationalisierend darüber hinweg gehen sollten. Die Zwerge, die in ihren Höhlen unter der Erde sehr aktiv sind, weisen darauf hin, dass eine passive Forderungs- und Erwartungshaltung keinen Reichtum in sich birgt. Erst die eigene Aktivität löst Probleme und verheißt Zufriedenheit.

Zwerge können mit Hilfe und Rat die Suche nach dem rechten Weg unterstützen. Einigen ist zusätzlich die Gabe der Weissagung zu eigen.

Manche Überlieferungen betonen ihre Fähigkeit des Spinnens und Webens. In einigen Gegenden Süddeutschlands und Österreichs werden Spinnweben als Gespinst der Zwerge bezeichnet. Damit rücken sie wieder in den Bereich magisch anmutender Kräfte, den Nornen vergleichbar, die das Schicksal in ihren gestaltenden Händen tragen.

Ihre negative Macht können sie mit Hilfe einer Tarnkappe, die sie unsichtbar macht, ausleben. Als tückische, verwachsene Gnome, manchmal auch in Gestalt kleiner schwarzer Männchen, haben sie die Fähigkeit und wohl auch Absicht zu erschrecken und zu verstören.

Die Bildersprache der Zwerge in Literatur und Poesie

Aus der Sammlung „Des Knaben Wunderhorn" stammt das Kinderlied „Will ich in mein Gärtlein gehn". Es erzählt von dem kleinen buckligen Männlein, das über destruktive Kräfte verfügt und jegliches positive Vorhaben stört. Aber eigentlich bittet es um Erlösung mit den Schlussworten: „Liebes Mädchen, ach ich bitt, bet' fürs bucklige Männlein mit."

Aus tiefenpsychologischer Perspektive könnten diese letzte Zeile als Anliegen interpretiert werden, die „buckligen" Seiten unserer Persönlichkeit anzuerkennen und in unsere bewusste Lebensführung zu integrieren. Vordergründig ist das bucklige Männlein ein Störfaktor in unserem bewussten Vorhaben, in einer von Nützlichkeitsdenken bestimmten Lebensführung. Diese Störung zwingt schließlich zum Umdenken und fordert eine positive Neubewertung unserer dunklen Seiten. Damit kann sich auch im Außen die einseitige negative Zwergenidentität wandeln. Ein Beispiel ist der schwedische „Jultomte" (Weihnachtszwerg). Wenn man ihn an Weihnachten bedenkt und ihm eine Schüssel Reisbrei hinstellt, bringt er in der Überzeugung naturverbundener Schweden während des folgenden Jahres Glück, Gesundheit und Wohlstand ins Haus. Die berühmten Heinzelmännchen von Köln gehören ebenfalls zu den positiven Wirkmächten des Unbewussten. In der Nacht, während das tätige Bewusstsein ausruht, übernehmen sie die Aufgaben und erledigen sie spielend. Diese Zwergenkräfte können viel zu Wege bringen, wenn wir uns ihnen anvertrauen.

Der mythische Hintergrund

In der Sigurdsage spielen die Zwerge als Hüter des Goldes eine wichtige Rolle. Der Zwerg Regin wird als „kunstfertig, weise, grimmherzig und zauberkundig" beschrieben. Ihm wird die Erziehung Sigurds anvertraut. Einerseits schmiedet er ihm das zauberkundige Schwert Garm, das Wollflöckchen ebenso zerteilen kann, wie den Amboss des geschickten Zwerges. Hinterlist und Gier sind daneben seine zentralen Eigenschaften, denn Sigurd soll des Zwerges Bruder Fafnir, der in Gestalt eines Drachens einen unermesslichen Goldschatz bewacht, erschlagen. Indem er Sigurd fehlenden Mannesmut unterstellt, reizt er ihn, so dass jener den Drachen erschlägt. Jetzt beklagt sich Regin, dass Sigurd ihm den Bruder genommen habe. Während der Zwerg schläft, soll der Held ihm das Herz Fafnirs braten, damit Regin sich dieses einverleiben und damit die Stärke des älteren Bruders übernehmen kann. Indem Sigurd etwas Flüssigkeit vom herab tropfenden Herzen vom Finger leckt, ist er in der Lage, die Sprache der Vögel zu verstehen. Es sind Schwalben, die ihm die Hinterlist des Zwerges offenbaren, der nichts anderes plant, als Sigurd zu töten. Dieser kommt ihm zuvor, vernichtet ihn, isst das Herz Fafnirs und trinkt sein Blut.
Es sind archetypische Rituale, die C. G. Jung bei verschiedenen „primitiven" Völkern beobachtete. Mit dieser doppelten Geste soll die endgültige Entmachtung des Gegners offenkundig werden und gleichzeitig seine Stärke auf den Sieger übergehen. Psychologisch ist es der Akt der Identifikation, der im besten Fall einen progressiven Schritt in die Zukunft verspricht.

Warum sind es Schwalben, die dem Helden die Wahrheit offenbaren? Stellen sie als Vertreter des Luftprinzips einen Gegensatz zu den Zwergen dar, die in Höhlen, häufig unter der Erde, hausen? Zwerge scheinen ein Prinzip des Festhaltens an materiellen Werten zu symbolisieren, während die Schwalben als Künder des nahenden Frühlings auf Wachstum und Werden hinweisen.

Unter symbolischem Blickwinkel war die Schwalbe den Göttinnen der Schönheit zugeordnet. Sie sollten einen Schutz vor Blitz und Streit darstellen. Die römischen Auguren verbanden mit der Schwalbe einerseits die Furcht vor Unheil, zum anderen sahen sie jedoch in ihr einen Glücksbringer.

Diese merkwürdige Doppeldeutigkeit findet sich auch in ihrer siebenfachen Mitteilung an Sigurd: Der Held sei klug, wenn er das Herz des Drachens selbst essen würde, Regin würde ihn verderben wollen, darum solle er ihn enthaupten und zur Unterweltsherrscherin Hel schicken. Klug sei er, wenn er auf der Hut sei, denn es sei töricht, wenn er einen Bruder töte und den anderen entkommen ließe. Es sei gleichermaßen unklug, wenn er den Feind verschont, der ihn bereits jetzt schon in Gedanken verraten habe. Und schließlich, wenn er Regin töte, wäre er Besitzer des unermesslichen Goldschatzes.

Ist mit Klugheit der Intellekt gemeint oder die Intuition? Vielleicht schenkt Sigurd den Schwalben deshalb Glauben, weil sich hier beide Funktionen vermischen, ähnlich wie wir es später beim Gott Loki antreffen. Jedenfalls wird Sigurd auf diese Weise überzeugt, oder besser mit dem Hinweis auf den Goldschatz geködert, statt auf eine notwendige Entwicklung zur Reife hingewiesen.

Die Schwalben vertreten in ihren Botschaften ein Realitätsprinzip. Entgegen ihrer mit Licht und Reinheit verbundenen Identität sehen sie ein erstrebenswertes Ziel im Haben. Der Besitz des Goldschatzes wird zu einem Wert, der den Mord am hinterlistigen Zwerg rechtfertigt. Dass hier eine große Gefahr liegt, kann der junge Held noch nicht wahrnehmen. Er vertraut auf die vordergründigen Ratschläge und glaubt in eitlem Selbstvertrauen der List des Zwergengeschlechts überlegen zu sein. Damit könnte auf den archetypischen Gegensatz von bewusstem Denken und unbewusstem Wahrnehmen hingewiesen sein. Ist nicht gerade das intuitive Wissen die Funktion, die uns immer wieder auf den richtigen, das heißt auf einen der Situation angemessenen Weg hinweist? Hier passte das altgriechische Sprichwort: „Der schwerste Sieg, aber auch der wichtigste, ist der Sieg über sich selbst." Das Bedürfnis nach Reichtum schließt keine Befriedigung, kein Glück in sich. Der Fluch, mit dem Andwari den Gold glänzenden Ring belegte, dürfte eine kollektiv gültige Botschaft in sich schließen. Haben verführt zur Passivität. Eine selbstverständliche Erwartungshaltung, das ungeprüfte Vertrauen auf einen Reichtum, der nicht über Anstrengung erworben ist, führt in eine Abwärtsspirale. Was bleibt übrig, wenn der Schatz verloren geht? Wird nicht äußeres Haben mit dem inneren Schatz verwechselt, der mit dem Sein verbunden ist und darum nicht verloren gehen kann? Die Fortsetzung der Sigurdsage offenbart diese Wahrheit.

Exkurs: Haben und Sein

In Mythen und Märchen beschäftigt sich die Menschheit immer wieder mit dem Gold. Es entspricht offenbar einer uralten Sehnsucht Gold herzustellen. Die Alchemisten versuchten mit Hilfe unterschiedlichster Ingredienzien dieses kostbare Metall zu gewinnen. Johann Friedrich Böttger widmete sein ganzes Leben diesem Bedürfnis in einer Fülle von Versuchen und vielfältigen Experimenten. Das Resultat war jedoch nicht das begehrte Gold, sondern Porzellan, das, fast ebenso wertvoll, die Bezeichnung „weißes Gold" erhielt.

Die Antike erzählt von König Midas, dem als Lohn für eine Hilfeleistung vom Gott Dionysos die Erfüllung eines Wunsches zugesichert wurde. Der habgierige König erbat sich, dass alles, was er berührte, zu Gold würde. Der vordergründige Triumph wandelte sich in Entsetzen, als er merkte, dass auch alle Lebensmittel zu Gold wurden und er in der Gefahr stand, zu verhungern. Auf seine eindringliche Bitte erlöste Dionysos ihn von seinem unseligen Wunsch.

Damit Gold nicht zum Objekt der Gier wird, sondern seinen Wert behält, muss bewusst damit umgegangen werden. Das ist auch die Botschaft vieler Märchen, ob es das Grimmsche vom Goldenen Vogel ist, oder jenes von Frau Holle. Als Lohn für hilfreiches Tun verleihen die drei Männlein im Walde dem Mädchen als Geschenk, dass bei jedem Wort, das es spricht, ein Goldstück aus seinem Mund fällt. Der Faulen hingegen springt bei jedem Wort eine Kröte aus dem Mund. Die Märchen unterstreichen damit den symbolischen Wert dieses edlen Metalls. Es fällt einem nicht einfach zu, sondern ist vielmehr Lohn für äußere und innere Aktivität.

Im Märchen von Frau Holle liegt diese mögliche Interpretation nahe: Die ungeliebte Tochter befindet sich in einer seelischen Mangelsituation. Naheliegend wäre, sich angesichts einer offensichtlichen Ungerechtigkeit, zu beklagen. Stattdessen lässt sich das Mädchen auf einen Wandlungsprozess ein. Statt in einer passiven Opferrolle zu verharren, akzeptiert sie die Realität und nimmt die Botschaft der Brote, des Apfelbaumes und des Auftrages von Frau Holle wahr. Im Tun gewinnt das Mädchen den Schatz der eigenständigen Handlungsfreiheit, was sich im Symbol des Goldes offenbart.

Die passive, verwöhnte Schwester erlebt in der Forderung nach Aktivität nur die Zumutung. Sie war nicht in der Lage, über autonomes Handeln Freiräume zu gewinnen. Indem das Pech im wahrsten Sinne an ihr klebte, verdüsterte sich das Leben wie bei einer Depression. Es war die Konsequenz ihrer Bereitschaft in der Passivität zu verharren. Als Folge ihrer Vermeidungsstrategie, wird sie von Pech übergossen, das nicht abgewaschen werden konnte. Sie hat im wahrsten Sinne Pech, weil sie nicht in der Lage ist, über autonomes Handeln Freiraum zu gewinnen. Damit verdüstert sich das Leben, vergleichbar einer Depression. Die Chance einer lustvollen, selbstbewussten Gestaltung des eigenen Lebens ist verspielt.

Könnte der Versuch, Gold herzustellen, die tiefere Bedeutung haben, den eigenen Selbstwert zu entdecken? Gerade eine leistungsorientierte, auf Erfolg ausgerichtete Gesellschaft verbindet den eigenen Wert, die eigene Würde mit einer materialistischen Einschätzung des Menschen. Er hat vor allem zu funktionieren und über Angepasstheit der Wirtschaftlichkeit zu dienen. Damit besteht die Gefahr, sich selbst in der Materie zu verlieren. In dem Augenblick, als diese scheinbar identitätsstiftende Wirkung nach der Pensionierung wegfällt, ist es für manche Menschen schwierig, einen ihm angehörenden Selbstwert zu spüren. Man fühlt sich überflüssig. Eine Depression kann als Folge durchbrechen und zum bedrohlichen Pensionierungsbankrott führen.

7.
Die Ichfunktionen

C. G. Jung hat mit seiner Lehre von den Ichfunktionen einen wichtigen Beitrag geleistet, um Menschen in ihrer Individualität besser zu verstehen. Dieses Denkmodell lässt sich auch auf die nordischen Götter übertragen. Jung unterscheidet zunächst die Einstellungsweisen und benennt sie mit den Begriffen extravertiert und introvertiert. Der extravertiert eingestellte Mensch ist Objekt orientiert. Für ihn bieten der Kontakt und die Auseinandersetzung mit den Menschen lebenswichtige Anregungen, um sich weiter zu entwickeln. Alexander der Große oder Alexander von Humboldt sind typische Vertreter dieser Lebenseinstellung. Sie brauchen die Weite, den Kontakt mit der Außenwelt, um sich zu spüren. Darüber vollzieht sich ein Zugang vom Ich zum Selbst.

Der introvertierte Mensch ist Subjekt orientiert. Für ihn hat das Forschen, das Nachdenken und die innere Bilderwelt Vorrang. Es muss nicht so weit gehen, wie bei Diogenes, der in seinem Fass zufrieden lebte und Alexander den Großen als störend empfand. Dessen großzügiges Angebot, ihm seine Wünsche zu erfüllen, beantwortete er nur mit dem berühmten Satz, er möge ihm aus der Sonne gehen. Auch Wilhelm von Humboldt, der Bruder des berühmten Naturforschers, ist eher der Introversion zugehörig. Er war vor allem Sprachwissenschaftler, beherrschte eine große Anzahl von Sprachen und verglich sie in ihrem Gehalt und den möglichen gemeinsamen Wurzeln. Große Reisen als Gesandter entsprachen ihm weniger. Kontaktfreude und Reiselust sowie einen ausgedehnten

Briefwechsel überließ er lieber seiner hochbegabten Frau Caroline.

Keine dieser Einstellungen ist positiv oder negativ zu bewerten. Sie stellen lediglich Möglichkeiten dar, in welcher Weise der Kontakt zur Welt und zu sich selbst gestaltet werden kann. Sicher sind auch frühe Prägungen mit verantwortlich zu machen. Vorbilder im Familienkreis spielen ebenso eine Rolle, wie bewunderte oder abgelehnte Persönlichkeiten des näheren oder ferneren Umfeldes. Nicht selten gibt es auch Mischformen mit einem Schwerpunkt auf einer extravertierten oder introvertierten Einstellung. Ein Problem der Gegenwart ist, dass extravertierte Menschen, die den Kontakt zur Welt über eine lebhafte Kommunikation mit den Menschen suchen, als intelligenter eingestuft werden. Als Manager werden vor allem solche gesucht, die sich selbstbewusst in ihrem Können darstellen, die erfolgsgewohnt und erfolgsorientiert sind und über eine kommunikative Ausstrahlung verfügen. Sie sind flexibel und bereit, sich auf neue Herausforderungen einzustellen, kontaktfähig und durchsetzungsbereit. Solche Haltungen wirken wesentlich attraktiver als ein in sich gekehrter, besinnlicher Mensch, der lieber im stillen Kämmerlein an einem Problem herumrätselt und schnell Kontakte und Auseinandersetzungen als ermüdend oder sinnlos einordnet.

Andere Menschen können bei der Wahrnehmung innerer Bilder als lästig empfunden werden, wie bei Archimedes mit seinem berühmten „Störe meine Kreise nicht“. Diese introvertierte Haltung kostete ihn leider das Leben, denn der extravertierte römische Soldat nahm die Bedeutung dieses genialen Mathematikers nicht wahr.

Die rationalen Funktionen: Denken und Fühlen

Die Funktionslehre C. G. Jungs umfasst im Rahmen eines Koordinatensystems vier sich unterscheidende Formen mit sich und der Welt umzugehen. Zum einen geht es um das Denken. Dem gegenüber ordnet er das Fühlen ein. Diese beiden Funktionen kann man sich als gegenüberliegende Pole einer Vertikalen vorstellen. C. G. Jung bezeichnet sie als rationale Funktionen. Dies deshalb, weil sowohl das Denken als auch das Fühlen werten. Denken urteilt in richtig oder falsch, klug oder dumm; das Fühlen ordnet unter dem Aspekt angenehm oder unangenehm, sympathisch oder unsympathisch ein. Auf der horizontalen Ebene siedelt Jung die Funktion der Intuition und der Empfindung als entgegengesetzte Pole an. Diese Funktionen sind aus seiner Sicht irrational, weil sie nicht werten, sondern lediglich wahrnehmen. Jede dieser Funktionen kann gemäß der Einstellung zur Welt wiederum extravertiert oder introvertiert sein. Die Komplexität dieser Theorie verstärkt sich angesichts der Tatsache, dass jede Funktion wiederum einen Plus- beziehungsweise Minuspol haben kann. Betrachten wir das Denken, so ist es von großer Bedeutung, wenn mit Hilfe dieser Funktion Zusammenhänge erfasst, Strukturen beschrieben und in einem klaren Konzept dargestellt werden. Es kann ein Spiel mit der Ratio sein, gewissermaßen eine geistige Gymnastik, die erlaubt, sich in den Wandelgängen der Logik lustvoll zu bewegen. Die Gefahr einer überwertigen Denkfunktion liegt darin, rücksichtslos Recht haben zu wollen, über ein machtvolles

Beherrschen der Masse mit Hilfe logischer Denkmuster zu überzeugen, oder mit Scheinwahrheiten schlichte Gemüter zu verwirren und gleichzeitig zu manipulieren.

Ein reiner Denktyp ist ein Freund der Aufklärung. Alle Probleme, so scheint es ihm, lassen sich bei genauem Abwägen der Gesamtsituation in befriedigender Weise lösen. Ein Manager berichtete mir in diesem Zusammenhang davon, dass er allein über Rationalisierung, über Kündigung und Stellenabbau seine Firma von 50 Millionen minus zu 50 Millionen Plus gebracht habe. Meine Bedenken, wie viele Schicksale auf diese Weise zutiefst belastet wurden, wischte er weg. Nach wenigen Jahren wurde er, als Opfer seiner eigenen Strategie, ebenfalls wegrationalisiert.

Die Fühlfunktion ist von intensivem emotionalem Erleben bestimmt. Tragik und Komik rühren zutiefst. Lachen und Weinen werden in entsprechenden Situationen schnell hervorgerufen. Ein Fühltyp kann in der Regel sehr gut mitschwingen, ist in differenzierter Form fühlendem Miterleben zugänglich. Er verbreitet Wärme und Herzlichkeit, zumindest solange, als man auf der gleichen Welle von Gemüt und Gefühl schwimmt. Eine Gefahr besteht in der Tatsache, sich zu wenig abgrenzen zu können. Diese Menschen neigen dazu, sich mit Freud und Leid des anderen zu sehr zu identifizieren. Sie machen Angelegenheiten anderer zu ihren eigenen und haben Schwierigkeiten, sich zurück zu nehmen. Fühltypen können wunderbare, sorgende und verantwortungsvolle Mütter oder Väter sein.

So sagte mir ein Vater eines kleinen Patienten, dass ihn die Gesprächssituation zutiefst berühre, dabei traten ihm Tränen in die Augen. Entschuldigend fügte er hinzu, er sei eben nahe am Wasser gebaut.

Menschen, bei denen das Fühlen dominant ist, neigen jedoch dazu, über die Zeit hinaus zu binden und gern die Kinder, auch wenn sie längst erwachsen sind, im Hotel Mama verwöhnend weiter zu umsorgen.

Es sind aber auch die spontan hilfsbereiten Menschen, die sich von Leid und Schmerz berühren lassen und verstehend mitschwingen. In ihren Emotionen sind sie sehr wandlungsfähig, aber auch ebenso unbekümmerte, fröhliche Zeitgenossen, die genießen können und deren Lachen ansteckend wirkt.

Steht das Fühlen ausschließlich im Mittelpunkt, kippt es gern in die Sentimentalität. Schnell kann dann der Einzelne in seinem Gefühlsüberschwang unecht wirken und beim Gegenüber Befremden auslösen. Statt angemessenem Beurteilen entstehen auf beiden Seiten Vorurteile. Ein weiteres Problem einer zentralen Fühlfunktion ist die Beeinflussbarkeit. Finden diese einen Menschen angenehm, übernehmen sie gern und unkritisch dessen Positionen. Es fehlt ihnen nicht selten die Fähigkeit des kritischen Denkens. Ist jemand unsympathisch, eine Situation ängstigend oder gar bedrohlich, reagieren sie häufig mit Panik oder überschießender Aggression. Ein denkendes Abwägen der Situation, eine Konfrontation mit dem Realitätsprinzip, eine dadurch mögliche Relativierung der aufgeladenen Emotionen steht ihnen nicht selbstverständlich zur Verfügung.

Die wahrnehmenden Funktionen:
Intuition und Empfindung

Auf der wahrnehmenden Ebene wird der eine Pol dieser horizontal vorstellbaren Achse von der Intuition bestimmt. Diese Funktion löst insbesondere bei den Denktypen häufig Beunruhigung aus, sie ist so gar nicht logisch! Gleichzeitig überzeugt sie jedoch mit einer irrationalen Stimmigkeit. Intuitive Menschen hören das Gras wachsen, oder sehen, wie es im Märchen von der „klugen Else" beschrieben wird, den Wind auf den Gassen laufen. Intuition ist charakterisiert durch ein Ahnen, Spüren, ein „Gefühl", was jedoch mit dem Fühlen wenig zu tun hat. Es ist ein Wissen um etwas, das sich nicht denkend erfassen lässt. Ein extravertiert Intuitiver spürt, was im anderen vor sich geht, ohne dass dieser viele Worte verlieren muss. Diese Gewissheit ist gerade angesichts ihrer irrationalen Qualität immer wieder für Menschen mit einer überwiegend an der nüchternen Realität orientierten Lebenshaltung beunruhigend. Im Mittelalter wurden solche Menschen als Hexen und Zauberer, mit dem Teufel im Bunde, verschrien und gnadenlos verfolgt. Gerade die Unfähigkeit, diese intuitiven Empfindungen rational zu erklären, machten vor allem die Frauen verdächtig. Sie waren sich ja oft selbst ein Rätsel.

Die Gefahr des extravertiert Intuitiven liegt in der Bereitschaft zur Arroganz, zur Anmaßung alles sowieso besser zu sehen, zu verstehen, einzuordnen. In der Gruppe Gleichgesinnter entsteht nicht selten die Bereitschaft, sich zu den Auserwählten zu zählen, weil mehr gesehen und wahrgenommen wird. Rationale Beweisführungen scheinen angesichts dieses besonderen Wissens unnötig. Häufig wird der Dialog mit anders Denkenden verworfen. Die Gefahr, in einer Fehlinterpretation von Geschehnissen ins Wahnhafte abzugleiten, ist nicht von der Hand zu weisen, wie es im zweiten Teil des Märchens von der klugen Else im Sinne eines Selbstverlustes beschrieben ist.

Ist die Funktion der Intuition introvertiert, begegnen wir den stillen Menschen. Sie nehmen die Umwelt durchaus wahr, sind aber vor allem beschäftigt, sich einen inneren Reim darauf zu machen. Sie können außerordentlich kreativ sein, Ideen haben und sie im Dialog mit sich selbst verwirklichen. Ihre hohe Sensibilität beschäftigt sie ebenso, wie die Auseinandersetzung mit ihren Träumen. Sie zeigen sich in der Bearbeitung innerpsychischer Prozesse sehr offen, wenn Vertrauen entstanden ist. Sie lieben nicht selten ein mönchisches Dasein und begegnen ihrem inneren Bilderreichtum mit Freude und großem Interesse. Spirituelle Erfahrungen, die Bereitschaft, die Aufmerksamkeit auf transzendente Bezüge zu richten, macht sie nicht selten zu Vorbildern auf dem Weg zur Reife.
Ihre Gefahr liegt in einer Abkehr von der Welt. Kontakte mit anderen Menschen werden leicht als störend empfunden. Sie sind sich selbst genug. In der Partnerschaft ist ihnen der Freiraum zur Meditation wichtiger, als sich mit der Partnerin über die Schulprobleme des Sohnes, den Liebeskummer der pubertierenden Tochter auseinander zu setzen. Sie werden oft zu Unrecht als Narzissten und selbstbezogene Egozentriker beschimpft, was die Tendenz zum Rückzug auf die eigene Welt verstärken kann.

Die der Intuition gegenüberliegende Funktion ist die sogenannte Empfindung, wie sie Jung bezeichnet hat. In dieser
Begrifflichkeit wird sie schnell mit dem Fühlen verwechselt. Es scheint mir sinnvoller von der Realitätsorientierung
zu sprechen, von der Bereitschaft zur Tatkraft oder zum
sinnlichen Empfinden, immer orientiert am Jetzt und Hier.
Handelnd, mit allen Sinnen die Welt zu erleben, löst ein
Gefühl der Befriedigung, der Identitätssicherheit aus. Im
Gegensatz zu Descartes berühmtem Spruch dürfte vor
allem der extravertiert Empfindende von sich sagen: „Ich
handle, also bin ich.“
Die Gefahr für den extravertierten Empfindungstyp ist seine nahezu ausschließliche Realitätsorientierung. Nur das,
was mit allen fünf Sinnen erfahrbar ist, zählt. Es ist ihm
wichtig, konkret zu sein. Hypothesen und Theorien sind
nur dann interessant, wenn sie sich im praktischen Alltag
bewähren. Der Intuitive als Gegentyp ist ihm im höchsten
Grade suspekt. Ahnende Schau wird von ihm schnell als
„Spökenkiekerei“ entwertet und als realitätsfern abgelehnt. Damit wird die Lebensführung schnell einseitig und
verliert unter Umständen den Bezug zu innerpsychischen
Wahrheiten und zur Transzendenz.
Der introvertierte Empfindungtyp ist der klassische schwä-
bische Tüftler. Es werden gern Objekte gesammelt, die man
irgendwann brauchen kann. Es wird das Mögliche in den Re-
alien der Welt gesehen und im stillen Kämmerlein, in der Garage oder im Keller gehortet. Sie bieten Material für forschen-
des Erkennen und kreatives Umsetzen. Es sind auch die
Erfinder, die ihre Ideen konkret umsetzen. Leonardo da Vinci
mit seinen fantasievollen Maschinen, die zum Teil visionären
Charakter haben, ist für diese Funktion ein gutes Beispiel.

Welche Gefahren liegen in der einseitigen Ausschließlichkeit mit dieser Funktion der Welt zu begegnen? Für diese Menschen ist die Innenwelt reich an Möglichkeiten. Sie sind dabei in der Gefahr, den Wald vor lauter Bäumen nicht mehr zu sehen. Eine Frau erzählte mir im therapeutischen Gespräch, dass ihre Garage schon seit Jahren so „vollgemüllt" sei, dass sich die Türe kaum schließen lasse. Wegwerfen dürfe man nichts. Für ihren Mann sei es ein Reichtum, weil sich darin eine Überfülle von realisierbaren Möglichkeiten zeige. Er besäße neben größeren Objekten, die er auf dem Sperrmüll gesammelt habe, eine Unzahl von Schrauben, Muttern, Nägeln und allerlei Handwerkszeug. Man könne damit mühelos fünf Familien versorgen. Während ihrer engagierten Schilderung lächelte ihr Mann still vor sich hin. Ich hatte den Eindruck, dass er gerade bei seiner Fülle potentieller Möglichkeiten weilte und seine Frau kaum wahrnahm. Sie suchte inzwischen nach einem Beispiel, um ihre Gefühle verständlich zu machen. Er könne, sagte sie in einer Mischung von Ärger und Bewunderung, aus seinem Schrott ein Fahrrad zusammenbauen, das drei Tage fahrfähig sei und dann wieder zusammenbräche.

Bezeichnenderweise war diese Frau eine hoch intuitive Persönlichkeit. Beider Weltanschauung war so polar, dass sie im Laufe des Gesprächs mit einigem Humor meinten, sie bräuchten, um sich jeweils verständlich zu machen, immer einen Übersetzer, darum seien sie bei mir.

Vertreter und Vertreterinnen gegensätzlicher Funktionen ziehen sich zunächst an. Sie scheinen sich zu einem harmonischen Ganzen zu verbinden. Die Lebensaufgabe ist jedoch nicht, sich als eine brauchbare (Ehe)hälfte zur Verfügung zu stellen, sondern die Gegensätze in sich selbst zu vereinigen, statt in Abgrenzung die Einseitigkeit der eigenen Hauptfunktion zu verstärken.

Exkurs: Das Ich im Konflikt zwischen Schein und Sein

Die Frage nach der eigenen Person steht immer wieder im Mittelpunkt jeglicher Selbsterkenntnis. Eine bewusste Reflexion, die die Fragen umkreist, wer ich bin, wer ich sein soll und wer ich sein kann, führt in das Spannungsfeld von Anpassung an die Normen der Gesellschaft und dem Empfinden der eigenen Persönlichkeit. Das Ich wird herausgefordert, einen eigenen Standpunkt zu finden. Die Gefahr in einem Extrem zu verharren - sei es in Protest und Opposition oder in Überanpassung - zeigt, dass in beiden Fällen ein schwaches Ich keinen angemessenen, das heißt, der eigenen Individualität entsprechenden Ausgleich finden kann. Unsere Erziehungshaltung geht sehr häufig eher in Richtung Anpassung, mit der Zielvorstellung von Effizienz, der Notwendigkeit ein „nützliches Glied der menschlichen Gesellschaft" zu werden. Tolstoi hat diese Worte jedoch im Zusammenhang damit geäußert, sich eine passive Glückseligkeit zu erlauben und sich auch dadurch als „nützlich" zu erleben. Diese Einstellung passt jedoch nicht in unsere von Wirtschaftlichkeit, Erfolg und Produktivität bestimmte Zeit.
Jugendliche haben mir in den letzten Jahren wiederholt vermittelt, dass ihr Ziel sei, einst möglichst viel Geld zu verdienen, ein schnelles Auto zu fahren und in einem ed-

len Ambiente zu wohnen. Dieser Anspruch steht im krassen Gegensatz zur Sehnsucht oder auch dem Wunsch nach einer befriedigenden Lebensgestaltung, die die Chance auf glückselige Momente in sich schließt. Der Konflikt zwischen Schein und Sein wird jedoch zumeist verdrängt und zugunsten von materiellen Werten scheinbar gelöst.

C. G. Jung sah diesen Konflikt und benutzte als Synonym für die Anpassungshaltung, die nicht nach der eigenen Persönlichkeit fragt, den Begriff der Persona. Dieser leitet sich ab von dem Wort per sonare (hindurch tönen). In den antiken Dramen trugen die Mimen eine Maske aus Holz oder Ton. Dadurch tönte die Stimme dunkler und erlaubte eine Intensivierung der emotionalen Betroffenheit, die bereits auf der Maske vorgegeben war. Die Persona in der Jungschen Terminologie bedeutet, dass sich der Mensch statt für seine eigene Person für eine Scheinpersönlichkeit entscheidet, die keine individuellen Züge trägt.

Die Persona „ist aber, wie ihr Name sagt, nur eine Maske der Kollektivpsyche, eine Maske, die Individualität vortäuscht, die andere und einen selber glauben macht, man sei individuell, während es doch nur eine gespielte Rolle ist, in der die Kollektivpsyche spricht." (Jung, 1934)

Anpassung an die Norm steht im Vordergrund, statt einer eigenen kritischen Stellungnahme. Was man denkt und tut ist wichtiger, als was ich tun will. Eine große Gefahr besteht darin, dass die Persona sich so stark mit der eigenen Persönlichkeit verbindet, dass eine Unterscheidung zwischen Anpassung an eine kollektiv vertretene Meinung und eine individuelle, kritische Überzeugung zunehmend schwer fällt. Damit wird der Einzelne offen für Beeinflussung und Manipulation. Massenbewusstsein tritt an die

Stelle eines bewussten, prüfenden Denkens. Die Entscheidung für eine unpopuläre Haltung, die für die eigene Person sinnvoll und richtig erscheint, löst jedoch, wenn sie sich vom Kollektiv unterscheidet, oft Verunsicherung, Angst und Selbstzweifel aus. Häufig entstehen damit Gefühle von Einsamkeit, wenn nicht gar Verlassenheit, Empfindungen die wiederum Angst auslösen und in einen Teufelskreis führen. Diese oft verstörenden Empfindungen erscheinen vordergründig nur durch eine Rückwärtsbewegung zu einer „Man Haltung" auflösbar. Das Bad in der Menge hat nicht unbedingt reinigende Kraft, aber es vermittelt das Gefühl einer sicheren Zugehörigkeit.

Entspricht das in einer aktuellen Variante, wenn Richard David Precht seinem Erfolgsbuch den Titel gab: „Wer bin ich und wenn ja, wie viele"?

8.
Die germanischen Götter

„Wer der Götter Wort vernimmt und ihm das Ohr verschließt, der ist ein Thor" (Euripides, 1984, Bd. 2, S. 182).

Die Götter der nordischen Mythologie sind sehr vielschichtig. Im Vergleich mit der griechischen Antike sind sie nicht in gut und böse einzuteilen. Sie verfügen über positive und negative Eigenschaften, kennen Neid, Eifersucht und Gefallsucht ebenso, wie Großherzigkeit und Fürsorge. Vergleicht man die Götterwelt mit jener der Ägypter, fällt auf, dass diese in der Lage waren, die extremen Pole in einer Gottheit zu vereinigen und zu einer stimmigen Ganzheit zu führen. Die nordische Mythologie dagegen kennt die Transformation eines Gottes von einem Pol in den anderen, wie zum Beispiel bei Loki. Sie suchen die Vereinigung mit den zum Teil bewunderten Riesen, sind jedoch gleichzeitig auch in Hass verstrickt. Aus dieser Perspektive könnte man den Eindruck gewinnen, dass die nordische Götterwelt, aber auch die der Riesen dem menschlichen Sein entspricht: Ihre von Ambivalenz geprägten Mythen fordern sowohl zur Identifikation, als auch zur Ablehnung heraus.

Die nordischen Götter in ihren unterschiedlichen Facetten scheinen mir eine gute Möglichkeit zu bieten, die beschriebenen Ichfunktionen anschaulich und verständlich zu machen. Gerade die Tatsache, dass die Götter sich schwerpunktmäßig häufig auf eine Funktion festlegen lassen, macht eine Einseitigkeit offenbar, die der nordischen Mythologie zu Unrecht den Ruf einer gewissen Schlichtheit eingetragen hat. Wenn man sich auf eine Hauptfunktion und eine Hilfsfunktion festgelegt und sie einseitig entwickelt hat, fordern die unentwickelten Funktionen ihre Existenzberechtigung, indem sie nicht selten unkontrollierbar durchbrechen. Ein Versuch, sie erneut ins Abseits zu drängen, ist die Delegation. Ein anderer muss diese Funktionen übernehmen und sie stellvertretend ausleben, damit es wieder zu einer innerpsychischen Beruhigung kommt. Die Folge ist eine Abhängigkeit vom Träger dieser Delegation. Das Ziel, autonom zu sein, wird damit erschwert oder sogar unmöglich gemacht. Diese Zwiespältigkeit scheint mir charakteristisch für die nordischen Götter zu sein. Riesen und Zwerge und gelegentlich auch andere Götter werden zu hass-geliebten Objekten, die über eine Akzeptanz innere Freiheit erlauben sollten und gleichzeitig zur Bedrohung werden, wenn sie über die Projektion aus dem Ich-Bewusstsein verdrängt werden.

Die Bereitschaft oder auch Fähigkeit, das Gesamt der Funktionen individuell und als Kollektiv zu entwickeln, Delegationen zurück zu nehmen und sich auf diese Weise in seiner Ganzheit zu erkennen, stellt sich Göttern wie Menschen als Herausforderung.

Zwei gegenläufige Impulse zu verbinden, wie es für Odin offensichtlich Anliegen ist, finden wir am ehesten in der Götterwelt der alten Ägypter. Hier allerdings in einem noch umfassenderen Sinne. Jede Gottheit hat dort einen Plus und einen Minuspol. Entscheidend ist, wie das handelnde Ich mit diesen gegenläufigen Impulsen umgeht. Könnte auch in den nordischen Göttergeschichten dieser Auftrag zu finden sein, Gegensätze in sich zu vereinigen? Das bedeutet sowohl den materialistischen, an der Realität orientierten Aspekt, als auch die Suche nach einem über sich selbst hinausweisenden Gehalt anzuerkennen. Zwei der wichtigsten nordischen Gottheiten machen diese Problematik offenbar:

Thor ist Repräsentant der sichtbaren Welt, des Konkreten, was sich ebenso in seinem enormen Hunger und Durst zeigt, als auch an seinem wundersamen Hammer, der immer wieder in seine durch Eisenhandschuhe geschützten Hände zurückkehrt. Odin dagegen ist der rastlos nach Wissen Suchende. Seine Überlegenheit ist nicht die eines kraftstrotzenden Thors, sondern die über Opfer erworbene Erkenntnis. Vielleicht finden wir dafür auf menschlicher Ebene eine Entsprechung in Goethes Faust: „Erkennen, was die Welt im Innersten zusammenhält".

Odin, der oberste Gott

Odin spielt in der nordischen Überlieferung eine doppelte Rolle. Zum einen ist er Kriegs- und Siegesgott. Zum anderen ist er Vertreter der Weltweisheit, indem er in bezogener Weise mit Natur und Kultur umgeht. In seinem Sein und Tun ist er jedoch doppelbödig. Wissen und Weisheit stehen Unaufrichtigkeit und der Bereitschaft zum Betrug gegenüber.

Zunächst wurde Odin mit den Naturgewalten assoziiert. Vor allem das Wehen des Windes, die Luftbewegungen galten als sein Element. Sowohl im wilden Sturm, als auch im sanften Säuseln des Windes erlebten die Menschen seine Gegenwart. In der kämpferischen Auseinandersetzung war er der Wütende, seine Gefolgsleute waren stark wie

Bären und Stiere, die Gegner wurden in der Konfrontation blind und taub. So ist Odin der Herr über archaische Kräfte. Als Sprachgewaltiger konnte er mit Hilfe des Wortes Feuer löschen und eine wilde See beruhigen. Seine Macht drückte sich symbolisch in einem Speer aus, der nie sein Ziel verfehlte. Außerdem besaß er das Pferd Sleipnir, das mit seinen acht Beinen eine besondere Schnelligkeit erreichte. Zusätzlich verfügte er über den Zauberring Draupnir, der sich selbst zu immer neuen goldenen Ringen befruchten konnte.

Er war aber auch Herr über Gespenster, ebenso wie über die Toten. Besonders wichtig war ihm, dass junge Krieger im Kampf fielen, um sie in Walhall für den Endkampf gegen die Riesen zur Verfügung zu haben.

Odin konnte aber auch launisch und verräterisch sein. Über Zauber gebot er, über Kräfte, mit denen er die gnadenlos verfolgte, die ihm widerstanden. Seine ihm zugewandten Krieger erfüllte er „mit Berserkerwut." Nackt, ohne Schild und Panzer, stärker als Stiere und Bären, vernichteten sie die Feinde, ohne dass jene ihnen etwas anhaben konnten. Odin selbst bediente sich eines Zauberbogens, der zunächst klein war, sich dann beim Spannen vergrößerte. Zehn Pfeile konnte er anlegen und gleichzeitig zehn Feinde erschießen.

Als Gott der Künste dichtete er Lieder und galt als Meister der Poesie. Diese Fähigkeit weist auf eine weitere Eigenschaft hin: Er vertritt den Aspekt des Geistes, eine bewusste Abwendung von einer Welt des materiellen Besitzes, der in der Nordischen Mythologie bei verschiedenen Göttinnen und Göttern eine wichtige Rolle spielt. In der Edda wird er als der Grübelnde beschrieben, der immer auf der Suche nach geheimem Wissen war. Um dieses zu erlangen, opferte er sogar ein Auge und versenkte es im Wasser des Mimirbrunnens. Mimir, ein Riese, vermochte dank seiner Weisheit in die Zukunft zu schauen. Seine Stimme raunte Odin Kenntnisse zu, die der Gott niemandem verriet. Es handelte sich wahrscheinlich um die Erkenntnis der Grenzen von Leben und Macht der Götter. So weiß Odin um das Schicksal der Götterdämmerung, aber auch um eine mögliche Erneuerung.

Bemerkenswert ist, dass Odin, um die Runen zu verstehen und diese Kenntnis an die Menschen weiter zu geben, sich in gewissem Sinne opfert. Er selbst spricht:

„Neun lange Nächte hing ich am windigen Baum, von einem Speer durchbohrt. Ein Opfer, Odin dem Odin geweiht, weder Brot noch Met gab man mir, und ich sann auf Rettung, sann auf die Weisheit der Runen, bis ich zur Erde fiel. Da begann ich zu wachsen, zu gedeihen, fühlte mich wohl und fand, wonach ich suchte…" (Simrock, 1876)

Es mag symbolisch zu interpretieren sein, dass Odin mit dem Kopf nach unten hing. Erkenntnis ist nicht eine Frage des Verstandes und der rationalen Überlegung, sondern sie vollzieht sich über ein emotionales Bemühen. Es ist die Bereitschaft, alles intellektuelle Wissen hinter sich zu lassen und sich beschenken zu lassen von einer intuitiven Schau. Das vollzieht sich nicht über kluges Reflektieren, sondern es ist die Frucht schmerzhaften Erahnens.

Odin als der suchende Gott mag Goethes Faust entsprechen. Er ist die Verkörperung eines Bemühens jenseits des Intellekts Sinn und Bedeutung des Seins zu entdecken. Er ist gleichermaßen der rastlose Weise oder der „reine Thor" auf der Suche nach dem Geheimnis von Zeit und Ewigkeit. Entspricht dieses Ziel dem Odins, der um die läuternde Kraft des Endes, aber auch eines Neuanfangs weiß? Im Streben nach Wissen und Weisheit unterstützen Odin seine beiden Raben. Hugin, der Kluge, verfügt über die Kraft der Gedanken; Munin, der Verständige, symbolisiert die Erinnerung.

Raben umgibt häufig eine Atmosphäre des Unheimlichen. Sie gelten als Boten verborgener Geheimnisse. Sie sind sehr intelligent mit positiven und negativen Eigenschaften. Sie bleiben unberechenbar, können hilfreich und Unheil verkündend sein. Der „Rabendämon" hockt an den verborgenen Türen unserer Psyche, fordert zur Entwicklung heraus und schafft Verwirrung und Verwicklung. Odins Raben untersuchen neugierig, was sich unter der Oberfläche der Dinge verbirgt, auch um die wahre Natur der Götter zu erforschen. Es geht aber auch darum, die eigene Psyche zu entdecken und sich von Illusionen zu befreien, auch wenn dies schmerzlich ist. Das sprichwörtliche Aushacken der Augen könnte in diesem Zusammenhang bedeuten, nicht ausschließlich den äußeren Augen, dem Blick auf das Sichtbare zu vertrauen, sondern sich für die Sicht der inneren Augen zu entscheiden. (Ronnberg, 2011, S. 248).

Wenn man diese beiden Raben als Teilaspekte Odins betrachtet, könnte die Fähigkeit, über die Erinnerung die Vergangenheit im Bewusstsein zu behalten, auf die Bereitschaft schließen, aus den eigenen Erfahrungen, die auch die eigene Fehlerhaftigkeit mit einschließen, zu lernen. Es ist die Motivation, gedanklich das eigene Gewordensein zu reflektieren und bereit zu sein, sich beständig weiter zu entwickeln. Odin hatte nicht nur das Bedürfnis, viel wissen zu wollen, sondern auch den Ehrgeiz der Weiseste zu sein. Darum beschloss er, sich mit dem Weisesten der Riesen, Wafthrudnir, zu messen. Im Wettstreit stellten sie sich Fragen nach dem Werden der Welt, der Schöpfungsgeschichte, aber auch dem Ende. Als Grund für den Untergang nannte der Riese, der selbst „vor allem anderen bereits war" und darum alles wusste, dass Götter und Menschen Schuld auf sich luden. Sie würden Eide brechen, Kriege führen und gegen sich selbst und gegen andere wüten. Aber eines konnten beide nicht beantworten, nämlich, was dereinst Odin seinem toten Sohn Baldur ins Ohr flüstern würde.

Das Zukünftige ahnend wissen; und doch bleibt die Zukunft im persönliches Erleben immer auch Geheimnis. Leben und Tod bleiben letztlich ein Rätsel, selbst für den weisen Odin. Obwohl er um das unbestechliche Schicksal weiß, ist er trotzdem im Geschehen der Gegenwart befangen.

Odin und der Gewinn des Dichtermets

Die Vieldeutigkeit dieser Göttergestalt in ihren positiven und negativen Aspekten wird am deutlichsten in der Geschichte vom Gewinn des Dichtermets.

Dieser besondere Trank hatte eine dramatische Vorgeschichte:

Die Asen, das kriegerische und die Wanen, ein dem friedlichen Tun zugeneigtes Göttergeschlecht, spuckten zum Zeichen ihrer Versöhnung in einen Kessel. Dieses Symbol einer gegenseitigen Verbindung polarer Haltungen begann zu gären. Daraus entstand Kvasir, ein Mann von großer

Dichterkompetenz und Weisheit. Zwei tückische Zwerge, Fjalar und Gala, töteten ihn und fingen sein Blut in drei Kesseln auf. Darauf vermischten sie es mit Honig, machten Met daraus und erzählten, Kvasir sei in seiner eigenen Weisheit ertrunken, weil niemand so klug gewesen sei, sie ihm abzufragen. Anschließend luden die beiden Zwerge das Riesenpaar Gilling und seine Frau ein. Sie überzeugten den Riesen, sie ans Meer hinaus zu rudern, brachten das Boot zum Kentern, so dass jener ertrank. Seine Frau ermordeten sie, indem sie ihr einen Mühlstein auf den Kopf warfen. Das Motiv für die grausame Tat wurde nicht offenbar. Es ist auf der Symbolebene zu vermuten, dass es um einen Machtkampf ging. Die Zwerge, zwar schwächer hinsichtlich ihrer Körperkraft, waren den Riesen mit ihrer List und Verschlagenheit überlegen. Das zu demonstrieren mag ein Grund für die Tat gewesen sein. Weiter gefasst könnte dahinter sinnbildlich der Generationen-Konflikt angedeutet sein: Die Zwerge auf den Schultern der Riesen sehen weiter (Bernhard von Chartres, 1120), dürfte sich auch hier bestätigen. Um den Sohn Suttung, der die beiden zur Strafe auf einer Insel aussetzen wollte, zu versöhnen, versprachen sie ihm den wunderbaren Met. Suttung schloß ihn in eine Höhle ein und ließ ihn durch seine schöne Tochter Gunnlöd bewachen.

Odin scheint es in seinem Allmachtsanspruch nicht verwinden zu können, dass ihm der wunderbare Met versagt sein sollte.
Unter dem Namen Bölwerk, was bezeichnenderweise Übeltäter heißt, verdingte er sich bei Baugi, einem Bruder Suttungs als Knecht. Er traf dessen neun Knechte auf dem

Feld und schärfte ihre Sensen so meisterhaft, dass sie sich um den Wetzstein zu gewinnen, zu Tode prügelten. Odin übernahm die Arbeit der toten Knechte und verlangte als einzigen Lohn einen Schluck vom kostbaren Met. Trotz der Fürsprache Baugis verweigerte Suttung den Lohn. Baugi, der sich in der Schuld Odins fühlte, ließ den Felsen anbohren. Durch das entstehende Loch schlüpfte Odin als Schlange in die Höhle.

Er bezauberte die Riesentochter und schlief mit ihr drei Nächte. Sie versprach ihm dafür drei Schlucke von dem wunderbaren Met, der sich später als Dichtermet erwies. Odin leerte mit dem ersten Schluck den Kessel Ödrörir mit der Bedeutung, ‚der zur Ekstase Anregende'. Mit dem zweiten Schluck leerte er die Schüssel Bodn, was Gefäß bedeutet. Mit dem dritten Schluck schließlich die Schüssel Son, was Versöhnung heißt. Mit dem ganzen Met beschwert verwandelte sich Odin in einen Adler, wurde aber von Suttung, der den Betrug wahrgenommen hatte, seinerseits in Adlergestalt, verfolgt.

Ergänzend zu der oben beschriebenen Symbolik sind Adler mit Würde und Wert verbunden. Adler sind voller Kraft und Lebensfreude, aber gleichzeitig auch Raubtiere. Schlangenadler waren im Symbolverständnis der Völker als Sieg des Lichtes, der Sonne, über das Dunkle und die Kräfte des Abgrundes verstanden. Adler und Schlange gehören zusammen. Sie sind die beiden Aspekte Vishnus. Analog der Alchemie bedeuten die umfassenden meterbreiten Flügel des Adlers die Fähigkeit, sich aus den materiell orientierten Niederungen zur Weite der Erkenntnis zu erheben. Der Aufstieg des Adlers zur Sonne kann auch zur Lebensgefahr werden. Mit der Fähigkeit, sich wieder ins Wasser zu stürzen, um selbsterneuernd, dem Phönix gleich wieder aufzuerstehen, wird diese Gefährdung kompensiert.

Der Adler steht sowohl Odin, als dem durch den Met Beflügelten, zur Verfügung, aber genauso dem beraubten Suttung. Nur das Kollektiv der Götter kann Odin hilfreich unterstützen, denn, durch den Met beschwert, verlangsamt sich sein Flug. Bevor er dem Adler Suttung in die Raubtierkrallen fällt, stellen die Götter Schüsseln bereit, in die sich Odin entleert. Einen kleinen Teil behält er zurück, um den Riesen abzulenken, bevor jenen das Feuer der Götter verzehrt.

Will man der symbolischen Botschaft nachgehen, ist Odin vordergründig der Gewinner, aber eigentlich der unaufrichtige Übeltäter, der sich über Betrug den begehrten Trank ergaunert. Über eine List mit Hilfe der Schlangenidentität erschleicht er sich bei der Tochter Suttungs den begehrten Dichtermet. Er hält jedoch nicht Maß, sondern bemächtigt sich des Ganzen. Im Grunde hat er damit auch Gunnlöd und die Liebe mißbraucht, um als königlicher Sieger in Gestalt des Adlers zu entfliehen. Suttung will sich für diesen Raub seines Eigentums rächen und beansprucht in gleicher Weise die Macht und Überlegenheit, die im Adler symbolisiert ist. Wäre Odin nur auf seine Individualität angewiesen, hätte er, um sein Leben zu retten, den Dichtermet ausspeien müssen, ohne die hilfreichen Schüsseln. Sein Raub wäre ihm damit entglitten. Nur die Solidarität der anderen Götter ermöglicht, den wertvollen Met aufzufangen und als Dichtermet nicht nur Odin, sondern vielleicht auch den anderen

Göttern oder Menschen zugänglich zu machen. Heißt das, dass Dichten kein leichtes Brot ist, sondern mit Gefahr, Stagnation und Schuld verbunden sein kann? Wieviel Plagiate stehen wohl hinter Veröffentlichungen, wie viele Menschen gibt es, die sich mit fremden Federn schmücken? Suttung hat als einzelner Kämpfer offensichtlich den Wert der Gemeinschaft unterschätzt und verbrennt, ähnlich wie manche zu selbstherrliche Menschen in den Mythen der Antike. Auch wir Menschen sind Gemeinschaftswesen und brauchen andere, um zu leben und uns kreativ zu verwirklichen.

Diese Geschichte von der Gewinnung des Dichtermets macht deutlich, dass Odin List und Verschlagenheit als Mittel, die eigene Vollkommenheit zu erreichen, vertraut ist. Letztendlich ist der Tod der neun Arbeiter sein Werk, um zum Ziel zu gelangen. Als Schlange findet er Zugang zur schönen Riesentochter, jedoch auch seine Liebe ist Mittel zum Zweck und er verlässt die Geliebte.
Die Schlange verkörpert eine vielschichtige Symbolik. Sie ist in alten Felszeichnungen bereits dargestellt so z.B. in Tanum, in Südschweden. In aufgerichteter Haltung verrät sie eine Bedrohlichkeit, die ihre Entsprechung in ägyptischen Abbildungen der Apophisschlange findet. Lebensbedrohlich und weise, verführerisch und gottähnlich, so fand sie Eingang in viele Märchen und Mythen. Angesichts ihrer Fähigkeit mit ihrer gespaltenen Zunge zu riechen, durch die Haut zu hören und Schwingungen und Erschütterungen der Erde wahrzunehmen, wurde sie mit orakelhaftem Wissen verbunden (Ronnberg, 2011, S. 194).

Aus analytischer Perspektive ist ihre Fähigkeit, sich zu häuten, Ausdruck ihres Wandlungscharakters, was wiederum einen positiven und einen negativen Aspekt in sich schließt. Wenn Odin sich dieses Tieres bedient, um seine Ziele zu erreichen, wirft es ein Licht auf seinen „doppelzüngigen" Charakter. Das ist jedoch nicht wertend gemeint, sondern unterstreicht die Eigenschaft des Gottes, helle und dunkle Seiten in sich zu vereinigen: Destruktive Macht in Gestalt der Naturgewalten und höchste Weisheit, die gerade durch den Raub des Dichtermetes möglich ist. Maßlosigkeit, indem er es nicht bei einem Schluck bewenden lässt, und ein Anerkennen der Begrenztheit auch der eigenen Person, sind in ihrer Widersprüchlichkeit verbunden und zeigen neben seiner Göttlichkeit sehr menschliche Eigenschaften. Loki, in seiner geschärften Wahrnehmung, durchschaut die Schwächen der Asen, die diese hinter der Maske der lichtvollen Tugenden, der Gerechtigkeit und der Wahrheit verborgen halten. Er wirft Odin seine Doppelbödigkeit, die sich bereits in dem Mythos offenbarte, vor:

„Den Ringeid hat Odin, glaub ich, geschworen. Wie soll man seinen Schwüren trauen? Suttung betrog er um den Trank und Gunlöd betrübt er" (Krause, 2018, S. 54).
„Schweig doch Odin, schlecht verteiltest du zwischen Kriegern das Kampflos: gabst du doch oft, dem du nicht geben solltest, dem Feigeren Erfolg. Doch von dir erzählt man, dass du gezaubert hast… in Zauberers Gestalt zogst du durchs Volk; das dünkt mich des Argen Art."
Wenn wir Odin zum einen als einen Denktyp bezeichnen könnten, offenbart sich das in seinem Bedürfnis, alles Wissen aufzunehmen. Dafür muss Offenheit gegenüber der

Welt und den Dingen vorhanden sein und darüber hinaus
ein starkes Bedürfnis, durch den Kontakt mit der Welt Wissen zu erwerben, die Realität der Welt denkend zu durchdringen und damit machtvoll zu sein. Wissen im Sinne
über viel Information zu verfügen, garantiert jedoch nicht
den Erwerb von Weisheit. Diese Erkenntnis fordert ihm
Opfer ab, denn Weisheit entwickelt sich nur über schmerz-
liche Erfahrungen. Darum hängt Odin neun Nächte am
Baum der Erkenntnis und lernt auf diese Weise, das Wesen
der Runen zu deuten.

„Neun Welten kenn ich
mehr Hölzer weiß ich
mächtige Mittelbaums
im Staube der Erde"

Diese geheimnisvollen Worte Odins, die auch auf die dahinter verborgene Existenz der Weltesche hinweisen, schließen die verschlüsselte Zahlsymbolik der Neun mit ein.
Die Zahl Neun spielt in der nordischen Mythologie immer
wieder eine bedeutsame Rolle. Sehr häufig ist sie mit magischen Handlungen verbunden. So wurde das Auftauchen
der Walküren in Neunergruppen gedacht. Sie, ebenso wie
die aus Märchen bekannten Schwanenjungfrauen, sind den
Menschen neun Jahre nahe, leben sogar mit ihnen, verwandeln sich jedoch nach dieser Zeit wieder in ihre ursprüng-
liche Gestalt und Funktion. Die Zahl Neun steht in enger
Verbindung mit der Natur. Mit Hilfe von neun Kräutern
glaubten die Menschen Krankheiten zu erkennen und heilen zu können. Helden haben in Mythen eine neunfache
Kraft, was bis heute in ironisierender Form der Bezeich-

nung „neunmalklug" gilt. Das germanische Recht bediente sich der Neun als Maßeinheit.

Die Schutzfunktion der Neun kann unter dem Aspekt eines Abwehrzaubers gegen das Böse verstanden werden. So war es notwendig, einen Schemel, aus neun Hölzern gezimmert, in der Kirche aufzustellen, um Diebe zu entlarven. Eine neunschwänzige Peitsche wurde zum Attribut der Strafe bei denen, die sich in irgendeiner Weise schuldig gemacht hatten.

Bereits in der Antike spielte diese Zahl immer wieder eine Rolle. So wissen wir von neun Musen als Vertreterinnen der schönen Künste. In antiker Vorstellung galt die mit sich selbst multiplizierte Drei als Symbol der menschlichen Beziehung zum Göttlichen. Plato selbst, der die Neun in ihrer geheimnisvollen Bedeutung anerkannte und schätzte, starb mit 81 Jahren, also nach einer Zeitspanne von neun mal neun Jahren.

Die Sehnsucht nach Wissen und Erkenntnis ist bei Odin so stark, dass er nicht nur kopfüber am Baum der Erkenntnis hängt, sondern dass er darüber hinaus ein Auge opfert, um mehr zu wissen. Damit verzichtet er auf die Fähigkeit, räumlich zu sehen. Diesen Verlust gleicht er mit einer hohen Intuition aus. Wie im Symbol der Schlange sichtbar geworden ist, vermag er mit allen Sinnen intuitiv aufzunehmen, was ihm seine inneren Bilder vermitteln. Zusammenfassend könnte man Odin charakterisieren als einen ausgeprägt extravertierten Denker. Der positive Pol dieser Funktion ist die Sehsicht nach Weisheit und Erkenntnis, der negative in Gestalt seiner rücksichtslosen Vernunft, die er ohne ein Unrechtsbewusstsein einsetzt, wenn es um seinen Vorteil geht. Wenn Goethe sagt „die Weisheit ist nur in der Wahrheit" (Goethe, 1941, S. 16) dann wird Odin über seine selbstbezogene Ratio unaufrichtig und stellt das in Frage, was ihm erstrebenswertes Gut ist.

Daneben verfügt er über eine eher introvertierte Intuition. Er ahnt, dass der Weltuntergang nicht aufzuhalten ist, aber er behält dieses Wissen für sich. Nur dem sterbenden Baldur flüstert er etwas ins Ohr. Vielleicht ist es die Erkenntnis, dass alle Wesen dem Schicksal der Vergänglichkeit anheim fallen. Wird diese Wahrheit als lebendige Erfahrung nur im Angesicht des Todes wissende Weisheit?

Alles hat seine Zeit
und jegliches Vornehmen
unter dem Himmel seine Stunde.
Geboren werden hat seine Zeit
und Sterben hat seine Zeit;…
Töten hat seine Zeit
und Heilen hat seine Zeit.
Zerstören hat seine Zeit
und Bauen hat seine Zeit…
(Prediger 3,1ff.)

Exkurs: Machtbedürfnis und Solidarität

Macht zu haben, schließt ein hohes Maß an Verantwortungsbereitschaft in sich. Man steht im Rampenlicht und verkörpert für viele Menschen Halt und Orientierung. Macht auszuüben, heißt jedoch nicht zwangsläufig, sich ausschließlich am Rationalen zu orientieren. Ein Denken, das nicht gleichzeitig dem Aspekt von Beziehung Rechnung trägt, wird kalt und selbstbezogen. Macht wird nicht genutzt, um eine dem Kollektiv verpflichtete Aufgabe zu erfüllen, sondern der egozentrischen Selbstprofilierung. Könnte dieser gefährlichen Verführung Stand gehalten werden, wenn dem rationalen das intuitive Denken zugeordnet würde? Es ist ein Erfahrungsschatz, der in Märchen und Mythen in einer lebendigen Bildersprache sichtbar wird.

„Seit Urzeiten sucht der Mensch nach Zusammenhängen und Ordnungen, deren Macht er durch Eintauchen in tiefe innere Schichten seines Selbst erspüren kann."
(Lauxmann, 2003, S.255)

Damit erhält das Geschenk, mächtig zu sein, Struktur und ist in das irrationale Ordnungssystem von Beziehungen eingebunden, das einzig Sinn stiftend ist. Nur durch eine Veränderung der Wertigkeiten, durch eine Abkehr vom ausschließlich nüchternem, erfolgsorientierten, logisch-diskursivem Denken wird sich der existentiell notwendige Paradigmenwechsel einstellen.
Aber nicht nur die Einzelnen sind mächtig, auch das Kollektiv kann seine Macht einsetzen, um zu erhöhen oder zu stürzen. Was verbindet und einen demokratischen Konsens erlaubt, statt egozentrischer Nabelschau, ist die Bereitschaft zur Solidarität. Bereits 1974 hat Horst Eberhard Richter vom „Lernziel Solidarität" gesprochen. Er stellte fest, dass bereits damals „die Verzweiflung über das Fehlen von erfüllender Kommunikation deutlich anwächst."
(Richter, 1974)

Nicht nur die Machthaber oder der Staat haben die Verpflichtung, Wohlergehen zu garantieren; auch die Menschen sollten sich einer Gemeinsamkeit verpflichtet fühlen und statt nur die Hand aufhalten, auch bereit sein zu geben. Einerseits besteht Macht als passive Anspruchshaltung, häufig durch ein Kollektiv unterstützt; die andere Seite der Medaille ist die Überzeugung, durch einen gezielten Einsatz von Macht in gleichzeitiger Solidarität eine positive Neuorientierung anzustoßen. Fehlt dieses Gleichgewicht als individuelle und kollektive Haltung, ist die Chance auf eine konstruktive Begegnung mit anderen auf Augenhöhe verspielt. Macht und Ohnmacht werden wie bei einem Schwarzer- Peter-Spiel hin und her geschoben. Statt eines demokratischen Miteinanders entsteht ein fruchtloser Machtkampf.

„Da kann man nichts machen" ist häufig eine resignierte Schlussfolgerung.

Das Einrichten in der Ohnmacht kann von der Aufgabe zu handeln, auf Gewohnheiten und Privilegien zu verzichten und eine kollektive Herausforderung zu einer persönlichen zu machen, sehr erfolgreich ablenken. „Tua res agitur", „es ist deine Sache, wenn das Haus deines Nachbarn brennt," war bereits in der Antike Forderung und selbstverständliche Überzeugung. Machen wir für uns diese Handlungsnotwendigkeit zu einem Aufruf, diese Form der Macht zu nutzen und sie als positive Zumutung anzunehmen?

Loki, Blutsbruder und Gegenspieler
der Götter

Der Erbärmliche und übel Gesinnte lacht über alles; er
weiß nicht, was er wissen müsste, dass er selbst nicht ohne
Fehler ist. (Die Götterlieder der älteren Edda, Sprüche des
Hohen, S. 36)

Lokis Eltern waren Riesen. Der Vater trug den Namen
Farbauti, was so viel bedeutet wie Führender des Bootes,
während seine Mutter Laufey, die Laubinsel, hieß. Obwohl die Riesen immer wieder Widersacher der Götter
waren, gelang es Loki nicht nur, sich mit ihnen zu befreun-
den, sondern sogar mit Odin Blutsbrüderschaft zu schließen und in den Kreis der Götter aufgenommen zu werden.
Loki ist ein typischer Vertreter der Trixter-Identität. Listig,
verschlagen, als Gauner und Dieb versuchte er, sich mit
allen Mitteln unentbehrlich zu machen und zusätzlich einen persönlichen Vorteil heraus zu schlagen. Er galt als
Ränkeschmied und streute immer wieder Zwietracht zwischen die Götter. Wurde Odin mit dem Naturelement des
Windes und Sturmes verbunden, war das Element Lokis
das Feuer. Seine Identität ist am besten mit den gegenläufigen Qualitäten des Feuers charakterisiert. Ist das Feuer
auf der einen Seite wohltätig, wärmend, dynamisch und
voller Energie, kann es auf der anderen Seite zerstörerisch,
vernichtend, Leben auslöschend sein. So präsentierte sich
auch Loki. Er war für die Götter existentiell wichtig, weil
er unangenehme Aufgaben übernahm. Dank seiner Fähigkeit, sich als Zauberer in verschiedene Tiere zu verwan-

deln, übernahm er Aufträge und half den Göttern, sich immer wieder in schwierigen Situationen zu behaupten.
Seine Ratschläge sind oft doppeldeutig. Er kann unzuverlässig, treulos und gefährlich werden. Die Redlichkeit, eine der wichtigsten Eigenschaften der Götter, verliert unter dem Einfluss von Loki an Bedeutung. Sie lassen sich von ihm zu Betrug, List und Täuschung verführen.
Loki verfügt über eine rasche Denkfunktion, die es ihm erlaubt, in der Regel einen Ausweg zu finden, selbst wenn die Lage aussichtslos erscheint. Sie ist deutlich objektgerichtet, orientiert sich an der Befindlichkeit des anderen, ohne sich einzufühlen. Im Vordergrund steht sein Bedürfnis nach Macht und Dominanz.
Diesem extravertierten Denken steht eine ebenso objektorientierte Intuition zur Seite. Er benutzt sie jedoch nicht, um in Bezogenheit Lösungen zu ersinnen, sondern um seine Überlegenheit zu demonstrieren und die Götter abhängig zu machen. Er erkennt ihre Schwächen und nutzt dieses intuitive Wissen, um sie zu entwerten und zu beschämen. In der Edda finden sich die Schmähreden Lokis, mit Hilfe derer er alle Götter auf ihre Fehler und Schwächen reduziert. Gnadenlos offenbart er ihre dunkle Seite, an der er lebhaften Anteil hat.

In zahlreichen Geschichten wird immer wieder die Doppelnatur Lokis offenbar. Er war einerseits im Kampf mit verderblichen Riesen ein treuer Begleiter Thors, andererseits trieb er immer wieder Schabernack und neckte und ärgerte die Götter. Einst, als Thor unterwegs war, schnitt er seiner Frau Sif ihre goldfarbene Lockenpracht ab. Thor war darüber außer sich und hätte Loki getötet, wenn jener nicht versprochen hätte, Sif Haare aus reinem Gold zu beschaffen, die wie natürliche Haare immer wieder nachwachsen würden. Mit diesem Plan ging Loki zu den Zwergen, Söhne des Iwaldis, die ihn besonders verehrten. Er war ja der Gott des Feuers. Ohne die Flamme hätten sie ihre Kunstfertigkeit in der Gestaltung von wunderbaren Gegenständen und schlagkräftigen Waffen nicht beweisen können.

Die Zwerge fühlten sich durch Lokis Auftrag sehr geschmeichelt und schufen in der Tat ein Goldgespinst mit den lebendigen Eigenschaften echten Haares. Loki, im Bemühen, sich bei den Göttern wieder unverzichtbar zu machen, veranlasste die Zwerge, noch weitere Kostbarkeiten herzustellen. So entstanden ein Speer, den nichts aufhalten konnte und ein Schiff, das niemals sank. Es konnte winzig klein zusammen gelegt werden, so dass man es in einem Lederbeutel verstauen konnte. Auf dem Heimweg traf Loki Brock, einen Zwerg aus anderem Geschlecht und begann ihn sofort zu hänseln und zu verspotten. Der göttliche Trixter demonstrierte die von seinen Zwergen vollbrachten Wunderwerke und meinte, Sindri, der Bruder Brooks, auch ein geschickter Schmied, sei nicht in der Lage, etwas Ähnliches zu schaffen. Daraufhin wetteten beide um ihren Kopf. Odin selbst solle entscheiden, welche Werke wertvoller seien. Dann machte sich Sindri ans Werk, voll Ehrgeiz, um den Söhnen Iwaldis zu zeigen, wer der wahre Meister sei.

Brock musste den Blasebalg treten, während sein Bruder verschwand, um ein Kunstwerk zu erschaffen. Loki, der um seinen Sieg fürchtete, beschloss dem Glück nachzuhelfen, und stach als Fliege in den Arm Brocks. Obwohl der Schmerz groß war, bediente dieser den Blasebalg weiter, denn er wusste, dass nur das unaufhörliche Treten ein Wunderwerk entstehen lassen konnte. Sindri bearbeitete das glühende Werkstück weiter und es entstand ein überaus starker Eber mit goldenen Borsten.

Während Brock das zweite Mal den Blasebalg bediente, biss ihn die boshafte Stechfliege in den Hals, nahe der Schlagader. Obwohl der Schmerz groß war, hielt der Zwerg nicht inne, so dass sein Bruder einen magischen Fingerring schaffen konnte. Das dritte Mal bat Sindri seinen Bruder, auf gar keinen Fall aufzuhören mit der Schweinsblase kräftig zu treten, sonst würde das entstehende Kunstwerk, das besonders wichtig sei, nutzlos werden. Diesmal stach Loki als Fliege Brock ins Augenlid, so dass das Blut herab tropfte und Brock mit einer Hand die Fliege verscheuchte um sehen zu können. Zum Glück war das kostbare Werk nahezu fertig gestellt. Es war ein wunderbarer Hammer, nur war der Stiel etwas zu kurz geraten.

Zunächst demonstrierte der siegesgewisse Loki den Göttern, Odin, Thor und Freyr, die auf den Richterstühlen saßen, seine von den Söhnen Iwaldis geschmiedeten Kostbarkeiten: es war der Speer Gungnir, der nie sein Ziel verfehlte, die goldenen Haare für Sif, die wie echte Haare ständig nachwuchsen und schließlich das zusammenfaltbare Schiff, das immer günstigen Fahrwind hätte.

Brock zeigte nun seinerseits die Kunstwerke seines Bruders. Zunächst überreichte er Odin den wunderbaren Ring Draupnir. Alle neun Tage tropften acht gleich schwere goldene Ringe herab und machten damit seinen Besitzer zum Herrn über das Gold. Freyr überreichte er den

Eber mit den goldenen Borsten. Er sei schneller als jedes Pferd und in der Lage, über Land und Meer zu fliegen. Zusätzlich erleuchte er mit seinen goldenen Borsten das Dunkel der Nacht. Klug fügte er hinzu, dass Freyr auf diese Weise alle Frauen finden könne, die er beglücken wolle.

Schließlich wandte er sich an Thor und überreichte ihm den Hammer mit Namen Mjöllnir. Er sei für die Menschen Symbol für gesegnete Felder und für Eheglück. Er habe zusätzlich die Eigenschaft, immer in die Hand desjenigen, der ihn werfe, zurück zu kehren. Der etwas zu kurze Stil sei der Boshaftigkeit Lokis geschuldet, der als Stechfliege versucht habe, den Schmiedeprozess zu stören.

Die vielschichtige Symbolik der Fliege macht deutlich, warum Loki dieses Tier als Tarnung wählte.

Die Fliege in ihrer Bedrohlichkeit, Krankheiten zu übertragen, galt von alters her als Repräsentantin des Bösen. In persischen Mythen nimmt der Feind des göttergleichen Lichtes die Gestalt einer Fliege an. In der altjüdischen Tradition war sie Repräsentantin des Teufels. Im Mittelalter wurde diese Überzeugung fortgesetzt, indem der Satan als Fliege gedacht wurde. Es gibt auch positive Aspekte, indem Fliegen Ungeziefer beseitigen, Insektenschädlinge jagen, giftiges Unkraut vernichten und Pflanzen bestäuben. Die Inuit trugen beispielsweise Fliegenamulette, die ihnen die Gewissheit gaben, unverwundbar zu sein.

Brock hatte sich mit seinen Geschenken auf die Individualität der drei Götter eingestellt und ihrem Bedeutungshunger Nahrung gegeben: er berücksichtigte die Lichtseite Odins im Symbol des Ringes Draupnir, der ihn zum Herrscher über alles Gold machte. Brock hatte damit das

Bedürfnis Odins erkannt, machtvoll und überlegen zu sein. Zum Zweiten ging er auf die Vielseitigkeit Freyrs ein, der lichtvolle Überlegenheit und vitale Triebseite in Gestalt des Ebers zu einem harmonischen Ganzen vereinigen konnte. Der kraftvollen Handlungsfähigkeit Thors war der wunderbare Hammer geschuldet, der in allen kriegerischen Konfliktsituationen Sieg versprach. So bedeutete dieses Objekt eine Bestätigung seiner vitalen Persönlichkeit und berücksichtigte zusätzlich sein mitfühlendes Herz, das sich in der Zuneigung zu den Menschen offenbarte.

Nachdem sich die drei Götter für die Werke Brocks und seines Bruders entschieden hatten, vor allem angesichts des wunderbaren Hammers, hätte Loki seinen Kopf verwettet, doch er brachte es wieder fertig, sich im wahrsten Sinn aus der Schlinge zu ziehen: Indem er behauptete, er habe wohl seinen Kopf zum Pfand gesetzt, nicht aber seinen Hals, konnten die Zwerge ihm den Kopf nicht abschlagen. Erbost reagierten sie auf diesen schlauen Einfall, indem sie Loki den Mund zunähten und überzeugt waren, er müsse auf diese Weise wenigstens verhungern und verdursten. Doch Loki, als Herr des Feuers, zündelte mit der Zunge, so dass sich nach kurzer Zeit die Naht auflöste. Wieder war Loki frei.

Loki mit seinen vielen Gesichtern blieb für die Götter weiterhin unentbehrlich, auch wenn er sie nicht selten lächerlich machte und sie demütigte. Dies entspricht ihrer hochgradigen Ambivalenz. Sie brauchten ihn angesichts seiner guten Einfälle, seiner Bereitschaft in schwierigen Situationen Hilfestellung zu geben, oder auch Aktionen zu wagen, die für die Götter zu risikoreich erschienen, ihnen aber trotzdem zum Vorteil gereichten.

Ein solcher Fall trat mit dem Verlust des wundertätigen Hammers Mjöllnir ein. Er wurde auf eine nicht überlieferte, raffinierte Weise vom Riesen Thrym gestohlen. Dieser weigerte sich, ihn zurück zu geben, es sei denn Freya, die schönste und begehrenswerteste Göttin, würde einwilligen, seine Gemahlin zu werden. Diese Zumutung empörte nicht nur Freya selbst, sondern auch sämtliche Götter, ohne dass sie Rat wussten. Daraufhin hatte Loki den Einfall, Thor als Braut auszustaffieren, den Riesen damit zu täuschen und den Hammer zurück zu gewinnen. Um die Verkleidung glaubhaft zu machen, musste Thor jedoch den wunderbaren Halsschmuck Brisingamen tragen. Es war bekannt, dass Freya sich nie freiwillig von diesem Kleinod trennte. Schweren Herzens stimmte die Göttin schließlich zu, da sie einsah, dass der wunderbare Hammer einen existentiell wichtigen Schutz für sie alle darstellte. Tief verschleiert, um den roten Bart Thors zu verdecken, reisten Thor und Loki, dieser als Kammerfrau verkleidet, zum Riesen. Es wurde ein festliches Mahl aufgetischt und Thor, für seinen gewaltigen Appetit bekannt, aß und trank Unmengen.

Der verwunderte Riese wird von Loki dahingehend beruhigt, dass sich Freya so auf die Hochzeit gefreut habe, dass sie in der frohen Erwartung eine Woche weder gegessen noch getrunken habe. Als der Hammer Mjölnir aus seinem Versteck in der Tiefe der Riesenburg heraufgeholt und Thor ausgehändigt wurde, riss er die Verkleidung von sich und schlug sowohl den Riesen, als auch sein ganzes

Gesinde tot. Hocherfreut kehrten beide Götter zurück, Freya bekam ihren kostbaren Halsschmuck zurück und Loki hatte sich mit seinem geschickten Einfall wieder einmal unentbehrlich gemacht.

Die problematische Seite Lokis stellt eine andere Geschichte in den Mittelpunkt: Vielleicht als Strafe befahl Odin, Loki solle gerade diesen kostbaren Halsschmuck heimlich entwenden und ihm bringen. Freya befand sich in tiefem Schlummer, jedoch lag sie auf dem Verschluss, so dass Loki Brisingamen nicht ohne Weiteres ergreifen konnte. In Gestalt eines Flohs stach er die Göttin in die Wange, worauf diese sich auf die Seite drehte und Loki auf diese Weise die Kette öffnen und sich davon machen konnte. Draußen begegnete er Heimdall, dem redlichen Wächter der Regenbogenbrücke Bifrost und erklärten Feind des gerissenen Loki. Jener meinte, Loki habe den Halsschmuck für sich gestohlen und verfolgte den Täter bis ans Meer. Loki verwandelte sich in eine Robbe und versteckte Brisingamen in der Spalte eines Felsens mitten im Meer. Erbittert griff Heimdall, ebenfalls als Robbe, Loki an und die beiden Tiere kämpften und verbissen sich ineinander. Die Robbe Loki drohte zu unterliegen, kaufte sich jedoch frei, indem sie Heimdall den Halsschmuck übergab. Dieser überbrachte ihn Freya, die den Gott auf ihre Weise mit einer gemeinsamen Nacht belohnte. Es war das erste Mal, dass sich zwei Asen in dieser existentiellen Weise bekämpften und damit die latente Zwietracht untereinander offenbarten.

Der Trixter, eine archetypische Gestalt

Die Person des Trixters ist eine archetypische Gestalt. Mit Klugheit und List, mit kleinen oder größeren Gaunereien ist er in der Lage, sich Vorteile zu verschaffen. Es sind keine unsympathische Menschen. Oft gewinnen sie mit ihren Einfällen die Herzen der Menschen oder lösen ein befreiendes Lachen aus. Bekannte Vertreter sind Till Eulenspiegel oder der Lügenbaron Münchhausen. Ein berühmter Vorläufer in der Mythologie ist der griechische Gott Hermes, der Gott der Diebe und der Kaufleute. Als er noch in den Windeln lag, stahl er bereits seinem Bruder Apoll dessen Rinder, ließ sie aber rückwärts gehen, um so irreführende Spuren zu hinterlassen. Zwar wurde er von einem Hirten beobachtet, hatte aber die Stirn, seine Täterschaft selbst seinem Vater Zeus gegenüber so lange abzustreiten, bis jener schließlich lachen musste und es zwischen den Brüdern schließlich zu einem Kompromiss kam. Apoll verzieh ihm und Hermes schenkte ihm im Gegenzug seine selbstgebaute Leier und brachte ihm auch das Spiel bei. Die Leier wurde so zu einem zentralen Begleiter des weisen Apoll. Der Trixter vermag also offensichtlich sowohl offene, als auch durchtriebene Verhaltensweisen miteinander zu verbinden.

Hermes war ein getreuer Diener seines Vaters und half jenem bei der Verwirklichung seiner amourösen Abenteuer. Er war aber auch ein dem Schicksal verbundener Helfer, der die Menschen auf ihrem Weg sowohl im Leben als auch im Tod begleitete.

Exkurs: Das Wesen der Wahrheit

„Irrtümer bildeten schließlich meist die Fundamente der Wahrheit, und wenn man von einem Ding nicht weiß, was es ist, dann bedeutet es schon einen Erkenntniszuwachs, wenn man weiß, was es nicht ist" (Jung, 1973, Bd. 9 II, § 429).

Wahrheit steht nicht in einem Gegensatz zur Lüge, sondern zu einer Gegenwahrheit. Je größer die Überzeugung ist, die „richtige" Wahrheit zu besitzen, desto gnadenloser wird der Gegenspieler mit seiner anders lautenden Wahrheit verfolgt. Der Kontrahent wird zum Lügner, weil er nicht die gleiche Überzeugung teilt.

Lügen sind also nicht nur verwerfliche Haltungen, sondern können dem Versuch dienen, eine subjektiv verlogene „Wahrheit" zum Ausdruck zu bringen. Wer lügt und es weiß, muss ein Wahrheitsbewusstsein haben.

Doch was ist Wahrheit? Bereits in der Antike wurde der Weg einer Wahrheitsfindung in der Kunst der Rhetorik gelehrt. Ziel war die Annäherung an eine Lösung, die der Ideenlehre Platons nahe kommen sollte. Die Kunst der Rede bestand darin, auf jeglichen Absolutheitsanspruch zu verzichten, Stattdessen war die Aufgabe, mit seinen Argumenten so zu überzeugen, dass ein Ausgleich gefunden werden konnte, der beiden Perspektiven Rechnung trug.

Damit schließt sich erneut der Kreis im Verstehen der Archetypenlehre. Es geht letztlich immer wieder um das Ziel, die Ganzheit des Menschen zu verstehen und im individuellen Leben umzusetzen. Die Urbilder, die Jahrtausende alte Erfahrungen dessen, was Menschsein umfasst, symbolisieren, sind in unserem kollektiven Unbewussten gespeichert. Sie stehen jedem individuell zur Verfügung, um sich als ganzer Mensch zu begreifen.

Um sich einer Wahrheitsfindung zu nähern, muss man zwischen zwei Perspektiven unterscheiden:

Es gibt die eine Wahrheit, die sich einer beschreibbaren Objektivität annähert. Mit Hilfe einer solchen „wahren" Aussage wird ein Zustand und die damit im Zusammenhang stehende Funktion eindeutig beschrieben. Die subjektive Wahrheit dagegen entsteht als Ergebnis einer Verbundenheit zwischen Menschen, die im Gefühl übereinstimmen, sich vertrauen und bestimmte Werte, Meinungen und Überzeugungen gleichermaßen für richtig halten. Hier dürfte also der Beziehungsaspekt im Vordergrund stehen, so dass sich Wahrheit mit Wahrhaftigkeit und Glaubwürdigkeit verbinden.

Kann man unter diesen Voraussetzungen ohne Lüge leben?

Arno Plack hat sich bereits vor Jahrzehnten mit der Rolle des Einzelnen in der Gesellschaft beschäftigt und stellte sich in seinem gleichnamigen Buch (Plack, 1988) dieser Frage. Eine verbindliche Antwort gibt es wohl nicht. Das schlechte Gewissen, das einst Richtschnur war, scheint im Schwinden begriffen zu sein. Man gewinnt zunehmend den Eindruck, dass der eigene Vorteil krumme Wege erlaubt. Letztlich bleibt es eine Frage der eigenen Entscheidung, welcher Weg der ihm gemäße ist. Wir können nur hoffen, dass Weisheit individuell und kollektiv die Menschen zunehmend in die Lage versetzt, Wahrhaftigkeit als zentrales Ziel menschlicher Begegnung zu suchen und zu finden.

Lokis Kinder

Lokis destruktive Seite wird für die Asen immer bedrohlicher: Mit der Riesin Angrboda zeugt er seine drei verderblichen Kinder, den Fenriswolf, die Midgardschlange und Hel, die dunkle Beherrscherin der Unterwelt. Diese unheilvollen Kinder wuchsen in Riesenheim schnell heran.

Die Runen wiesen darauf hin, dass von ihnen nichts Gutes zu erwarten sei. Die Götter ratschlagten, wie sie mit der Bedrohung fertig werden könnten. Nachdem sie Kinder Lokis waren, der symbolisch das Feuer vertrat, schlug Odin vor, sie zu zähmen und damit die positive Kraft des Feuers nutzbar zu machen.

So nahm er die Midgardschlange und warf sie ins Wasser. Dort wurde sie immer größer und umschlang schließlich alle Länder der Menschen, weshalb sie den Namen Midgardschlange trug. Es war jedoch weniger Schutz, sondern ein Würgegriff im Bestreben, die Menschen zu vergiften und damit zu vernichten.

Die zweifarbige Tochter Hel schleuderte Odin bis nach Niflheim, in das Land des ewigen Eises und der trostlosen Dunkelheit. Der Fenriswolf schließlich vereinigte in sich die größte Gefahr. Die Götter glaubten, seine Stärke nutzen zu können, um im Kampf gegen die Riesen endgültig zu siegen. Er war jedoch zu Grauen erregend in seiner zähnefletschenden Aggressivität. Ihn zu töten verbot sich jedoch deshalb, weil sowohl Thor und Baldur darauf hinwiesen, dass Asgard, der Wohnort der Asen, ein heilige Stätte sei. So einigten sie sich schließlich dahingehend, den

Wolf zu fesseln. Aber der Wolf war so stark, dass er mühelos die erste und die zweite Fessel zerriss. Ratlos wandten sich die Götter an die Zwerge, um dort die stärkste Fessel in Auftrag zu geben, die je hergestellt wurde. Die zauberkräftigen Bewohner der Unterwelt benutzten folgende Zutaten:

Den Schall des Katzentritts, die Wurzel der Berge, den Bart der Frau, den Atem der Fische und den Speichel der Vögel. Das Ergebnis war weich und glatt, nahezu unsichtbar, aber laut Aussage der Zwerge unzerreißbar.

Der Fenriswolf witterte Verrat, als ihn die Götter überzeugen wollten, die Fessel anzulegen. Selbst der Köder, er würde damit Ruhm ernten, verfing nicht. Erst als die Asen ihn einen Feigling nannten, war er bereit, sich binden zu lassen unter einer Bedingung: Ein Gott sollte um der Wahrhaftigkeit willen seinen Arm in den Rachen des Untiers legen. Könne er sich nicht befreien, würde er diesem die Hand abbeißen. Keiner wollte sich in die Gefahr begeben. Schließlich entschloss sich Tyr, ein aufrechter, kriegerischen Gott, das Wagnis einzugehen. Der Wolf verlangte statt der linken die rechte Hand, die Schwurhand, um einen möglichen Meineid der Götter zu ahnden. Nun legten die Götter dem Wolf die Fessel an, jedoch sie erwies sich tatsächlich als unzerreißbar.

Je mehr sich der Wolf bemühte, desto enger zog sie sich zusammen. Sie befestigten das Band an einem Felsen und Odin rammte sein Schwert mit der Spitze gegen den Gaumen und mit dem Knauf gegen den Unterkiefer, so dass das Untier geifernd und heulend unschädlich gemacht war. Aber Tyrs rechte Hand war der Tribut, den die Götter für ihre Lüge bezahlen mussten.

Betrachtet man die Symbolik, die sich hinter den Kindern Lokis verbirgt, steht bei der Midgardschlange ihre umschlingende und würgende Kraft im Mittelpunkt.

Die vielschichtigen Aspekte der Schlange konzentrieren sich in diesem Fall auf ihre Leben gefährdende, Identität auslöschende Qualität. Das, was zunächst Schutz und Geborgenheit suggeriert, entwickelt mit wachsender Stärke eine vernichtende Qualität. Hinzu kommt das Gift, das in einer weiteren Dimension das Leben vernichtet.

Interpretiert man die Wirksamkeit der Schlange individuell, könnte man an die doppelte Möglichkeit des Weiblich-Mütterlichen denken. Einerseits verkörpert sie in einer Umarmung das Moment von Bezogenheit und Geborgenheit. Wird die schützende Geste überzogen, wird sie zur Fessel, die autonomes und damit individuelles Leben und Wachsen erschwert oder gar unmöglich macht. Kollektiv könnte man an die große Chance der Globalisierung denken. Alles und alle sind verbunden. „Seid umschlungen Millionen" ist eine wunderbare Idee, wenn sie unter der Überschrift der Freiheit, Gleichheit, Brüderlichkeit oder Schwesterlichkeit positiv wirksam ist. Diese Verbundenheit schließt aber auch große Gefahren in sich, weil damit kollektive Abhängigkeiten nahezu unvermeidbar sind, die gerade wieder individuelles Agieren in Frage stellen. Vielleicht lässt sich das Gift auch in diesem Zusammenhang verstehen: Gift und Täuschung hängen eng zusammen, denn Gift sieht, hört und schmeckt man nicht unbedingt. Das ist konkret, aber auch symbolisch zu verstehen. Die Angst vor Gift schürt Misstrauen, Vertrauenslosigkeit und löst Angst aus. Die Angst wiederum fordert Abwehr im Sinne von Verleugnung oder Aggression. Um sich zu schützen, passiert Rückzug und soziale Distanz, was wiederum das Gift des Misstrauens immer wieder neu belebt.

Hel, die Herrscherin der Unterwelt, lebt in Kälte und Dunkelheit. Ihre doppelte Identität vermittelt ihre schwarz-weiße „Farbigkeit." Der Gegensatz unterstreicht die Atmosphäre der Radikalität, des ewigen Todes. Hunger ist ihre Schüssel, Hungersnot ihr Messer. Ihr Knecht ist die Trägheit, die Magd die Langsamkeit. Die Türschwelle heißt Sturzgefahr, das Bett Krankenlager, dessen Vorhang funkelnder Schaden. Der Fluss markiert eine strikte Trennung von der Oberwelt. Zusätzlich ist ihr Reich von hohen Gittern umschlossen. Der Eingang wird durch eine Fallgrube gesichert. Es gibt so keinen ungefährdeten Zutritt, man kann aber genauso wenig aus diesem Gefängnis ausbrechen und damit diesem Ort des Grauens den Rücken kehren. Hels Reich ist ein Abbild der ewigen Verdammnis. Gemeinschaft bieten Meineidige und Mörder im Verein mit Leichen, Schwertern und Schlangen in einer kalten Wasserhölle. Das Schlimmste an diesem Bild ist die vollkommene Trostlosigkeit. Es gibt keinen Lichtstrahl der Hoffnung, kein Erbarmen, denn Hel geht gebeugt; sie vermeidet jeglichen persönlichen Kontakt. Ihr Blick ist grimmig, der Ausdruck düster. Rettung erwartet man vergebens von ihr, denn sie sieht, hört und fühlt niemanden.
Was könnte dieses Bild für eine symbolische Botschaft in sich tragen? Es ist eigentlich das persönliche Bild einer schweren Depression. Es gibt keine positive Perspektive. Energie aufzuwenden, um das Dunkel in Licht zu verwandeln, ist offensichtlich sinnlos. Gefangen in einer emotionalen Starre, einem Einsturz des Selbstwertgefühls, in der

Stimmung der Trostlosigkeit und der Perspektive drohenden Unheils, treibt man in Gemeinschaft mit Menschen, die bewusst Schuld auf sich geladen haben und fühlt sich gleichermaßen schuldig. Die Toten, die im Reich der Hel existieren, sind solche, die nicht rühmlich gefallen, sondern eines natürlichen Todes gestorben sind. Sieht man diese Tatsache sinnbildlich, so fühlen sich die Toten für etwas schuldig, was eigentlich eine natürliche Folge des friedlichen Lebens ist. Ist es Schuld, wenn man ein durchschnittliches Leben führt ohne große Heldentaten, ohne herausragende Leistungen? Muss man sich schuldig fühlen, wenn man sich nicht auf dem Schlachtfeld der Erfolg orientierten Menschen tummelt? Ist man Verbrecher, wenn man sich nicht das Vollkommene abfordert, die perfekte Leistung, und glaubt, sich keine Fehler erlauben zu dürfen?

Wird man an der Gesellschaft schuldig, wenn man sich nicht täglich im Leistungskampf profiliert? Muss man Spuren der Großartigkeit hinterlassen, um sich ein lichtvolles Andenken zu erkaufen, selbst wenn man vorzeitig am Herzinfarkt, dem modernen Heldentod, stirbt?

Welche Botschaft vermittelt der Fenriswolf?
Wichtig für die doppelte Bedeutung ist, dass auch Odin von zwei Wölfen begleitet wird. Gelegentlich sind es auch zwei Hunde, Geri und Freki, die mit dem Fleisch des Ebers Sährinnir gefüttert werden. Damit die vermutete Schutzfunktion seitens der Hunde gewährleistet ist, muss der Eber geopfert werden. Ob Wölfe oder Hunde, offenbar verlangt der Umgang mit Wildheit und potentieller Aggressivität Opfer.

132

Der Umgang mit dem Fenriswolf zeigt die Kehrseite der strahlenden Götter: Unsicherheit, Hilflosigkeit und Doppelbödigkeit. Sie ködern den Wolf mit dem Versprechen, dass seine Stärke, wenn er die Fesseln zerreißt, überall gerühmt würde. Sie greifen sein Selbstwertgefühl an, indem sie ihn als Feigling bezeichnen. Sie belügen ihn und überlassen einem der ihren, den Tribut zu bezahlen. Sie lachen über den betrogenen Wolf, ohne sich ihrer Schuld bewusst zu sein, die dem tapferen Gott Tyr die rechte Schwurhand kostete.

Wenn man sich die Zutaten, die die Herstellung der dritten, unzerreißbaren Fessel erforderte, anschaut, so ist es eigentlich ein Nichts: der Tritt einer Katze ist unhörbar, Berge haben keine Wurzeln, Frauen besitzen keinen Bart, Fische keinen Atem und Vögel keinen Speichel. Es sind fünf Unmöglichkeiten, die jedoch zusammen ein unzerreißbares Ganzes ergeben. Wie lässt sich das verstehen?

Zunächst sind es drei Eigenschaften aus dem Tierreich. Diese umfassen eine Ganzheit, indem sich die Katze auf der Erde bewegt, der Fisch ein Wassertier ist und die Vögel die Luft bevölkern. Berge repräsentieren die Natur und Frauen die Menschen.

Diese fünf Absurditäten scheinen aber im Zusammenwirken doch Substanz zu ergeben analog der mathematischen Gleichung, dass Minus mal Minus Plus ergibt.

Vielleicht kann die Zahlsymbolik weiter helfen. Die Symbolik der Zahl Fünf ist so vielfältig wie der Mensch selbst. Schiller drückt es in den Piccolomini in dieser Vielschichtigkeit folgendermaßen aus:

„Fünf ist des Menschen Seele. / Wie der Mensch aus Gutem und Bösem ist gemischt, so ist die Fünf die erste Zahl aus Grad' und Ungerade."

Darüber hinaus wird diese Zahl häufig gleich gesetzt mit einer Verbindung von weiblichen und männlichen Elementen. In der Natur kommt sie häufig vor, wenn wir zum Beispiel Blütenblätter zählen. Auch der Mensch als Naturweisen verfügt über zweimal fünf Finger und fünf Zehen. Man könnte vermuten, dass Entfaltung und Festhalten gleichermaßen der natürlichen Bedeutung dieser Zahl entsprechen. In zweifacher Form ist sie demgemäß bedeutend. Zum einen wird die Fünf in der Gestalt des Pentagramms darstellbar. Sie wird so zum Abbild des Menschen, wie es Aggrippa von Nettesheim sichtbar gemacht hat. Paracelsus wies darauf hin, dass das Zeichen den Mikrokosmos abbildet. Als sogenannter Drudenfuß besitzt das Pentagramm aber auch apotropäischen Charakter. So kann Goethes Faust das Zeichen als entscheidende Hilfe nutzen, indem sich des Pudels Kern als Mephisto heraus stellt.

Die gleiche Qualität, das Böse abzuwehren, kann die Fünf in der Reihung besitzen. Gerade im Islam bedeutet beispielsweise die ausgestreckte Hand der Fatima einen Schutzzauber gegen den bösen Blick. Bis hin zur Bibel wird der Doppelaspekt der Fünf betont. So gibt es die fünf klugen und die fünf törichten Jungfrauen. Nicht umsonst werden hier Frauen genannt. Es scheint, dass sich auch der Doppelaspekt des Weiblichen in seiner bedrohlichen und Geborgenheit gebenden Dimension dahinter verbirgt.

Das bestätigt die Nutzung des Weiblichen bei der Herstellung der Fessel des Fenriswolfs. Die drei Aspekte des natürlichen Lebens könnten darauf hinweisen, dass mit der Drei Struktur und Ordnung im Ambivalenzkonflikt eine wichtige Rolle spielen. Und schließlich ist der Berg sowohl phallisches Symbol als auch Ausdruck einer unerschütterlichen Ewigkeit. Mit der Fessel schaffen die Zwerge dank ihrer magischen Fähigkeiten ein unzerreißbares Objekt und trotzdem ist es ein Nichts. Sie sind Könner und doch keine Meister. Sie bleiben Geschöpfe der Schöpfung, aber keine Schöpfer der Welt.

Die Wahrnehmung des Schattens

Die schrecklichen Kinder Lokis gehören einem Bereich an, den C. G. Jung als Schatten bezeichnet. Sie vertreten die Eigenschaften, mit denen wir uns nur ungern identifizieren. Über die Projektion kann man sie mit einer gewissen Berechtigung bei anderen sehen und dort verurteilen oder vehement bekämpfen. Das kann sich um einzelne Menschen handeln, wie zum Beispiel die berühmte Schwiegermutter. Weit gefährlicher ist dieser Mechanismus der Projektion, wenn es sich um bestimmte Bevölkerungsgruppen handelt. Schattenbekämpfung ist auch im Vorurteil verborgen, in Meinungen und Überzeugungen, die den Zweck haben, den eigenen Wert zu erhöhen. Unsere dunklen Eigenschaften gehören jedoch zu uns und wollen in ihrer die Persönlichkeit fördernden Qualität wahrgenommen werden.
Erst das Bewusstsein ihrer Existenz erlaubt uns eine Verwirklichung unserer Lichtseite. Umgekehrt ist es eine Binsenwahrheit, dass, wo viel Licht ist, auch viel Schatten vorhanden sein muss. Der Mensch ist nicht nur edel, hilfreich und gut.
Der Schatten, wenn wir ihn als zu uns gehörig akzeptieren, ist jedoch auch der Bereich, in dem unsere vitale Kraft,

unsere Kreativität, unsere Begeisterungsfähigkeit verborgen ist.

Damit nähern wir uns erneut unserer eigenen Doppelnatur. Wir sind zwiespältig und jede positive Seite unserer selbst, unserer Perspektiven und Impulse kann doppeldeutig sein. Immer gibt es in der menschlichen Natur konstruktive und destruktive Seiten. Und schließlich ist das Leben nicht nur Unbekümmertheit, Leichtigkeit und Frohsinn, sondern auch lastend, traurig und mit Unsicherheiten, Gefahren und Angst verbunden.

Einst hatte ich einen kleinen Vierjährigen in psychotherapeutischer Behandlung. Er trug mir auf, meine von ihm erdachten sieben Kinder zu malen. Dann musste ich das Blatt im Ofen verbrennen und dabei furchtbar jammern und trauern. Er kommentierte meine Klagen mit den Worten: „So ist das Leben, daran muss du dich gewöhnen." Es waren sicher Worte, die er von den Erwachsenen gehört hatte, aber sie sind mir als archetypische Wahrheit unvergesslich geblieben.

Thor, das „Original und Kraftgenie"

Thor ist einer der Söhne Odins. Er verfügt über einen lauteren Charakter. So steht er im Gegensatz zu Loki und wird im Vergleich mit jenem als etwas naiv und einfältig eingeschätzt. Thor wird häufig als der Donnerer beschrieben. Das weist auf seine rohe Kraft hin, die er jedoch gleichzeitig nutzt, um die Menschen von Midgard vor den Riesen zu schützen. Er gilt als besonderer Freund der Menschen, während er mit den Riesen überwiegend auf

Kriegsfuß lebt. In ihrem Machtanspruch sieht er die Gefährdung der göttlichen Ordnung. Darum ist auch die dreimalige Konfrontation mit der Midgardschlange, dem Kind Lokis, eine Herausforderung. Sein Attribut ist der gewaltige Hammer Mjöllnir, ein Symbol seiner unbändigen Stärke. Sein Mut wird jedoch gelegentlich durch Odin, aber auch durch den Riesen Hymir, mit dem er auf Fischfang geht, gebremst. Er besitzt einen Wagen, der von zwei Böcken gezogen wird. Böcke sind Symbole der Fruchtbarkeit, besonders der Zeugungskraft.

Zahlreiche mythische Geschichten unterstreichen Thors sich auch in dieser genitalen Potenz ausdrückenden Vitalität, aber auch dessen Naivität.

Einst beschloss er den Riesenkönig Utgardloki aufzusuchen. Es ist zu vermuten, dass er diesen mächtigen Gegenspieler besuchen wollte, um seine Kräfte mit ihm zu messen. Als Begleiter folgten ihm Thjalfi, ein junger munterer Bursche und der listige Loki. Unterwegs begegneten sie dem Riesen Skrymir. Bei der gemeinsamen Wanderung erlebten sie, wie dieser sie mit seinen Zauberkräften betrog und ihnen das wenige, was sie noch zu essen und zu trinken hatten, in seinen mit Zauberkräften verschlossenen Rucksack entzog. Thor wollte sich nachts an dem schnarchenden Riesen rächen und schlug ihm wiederholt mit seinem Hammer auf den Kopf, doch jener bemerkte lediglich, dass ihn wohl kleine Tiere im Schlafe stören würden. Im Morgengrauen machte sich der Riese ausgeschlafen und munter mit Riesenschritten auf den Weg und ließ die Weggefährten hungrig und durstig zurück. Als sie ihre Unterkunft näher untersuchten, entdeckten sie, dass sie im

Handschuh des Riesen geschlafen hatten und der Daumen ihnen als eine Sicherheit gebende Höhle erschienen war.

Beim Riesenkönig ließen sie sich auf eine Wette ein. Thjalfi, der ein ausgezeichneter Läufer war, sollte sich im Rennen messen, doch obwohl er wie ein Vogel dahin schoss, unterlag er in allen drei Versuchen. Loki fand sich bereit, an einem Wettessen teil zu nehmen. Doch obwohl auch er in Windeseile ein großes Stück Fleisch aß und nur die Knochen übrig ließ, war sein Gegner erfolgreicher, weil er auch Trog und Knochen mit verschlungen hatte.

Nun meldete sich Thor zum Wettbewerb, um seine unglaublichen Stärken zu beweisen. Utgardloki fragte ihn nach seinen besonderen Fähigkeiten. Thor wollte seine Trinkfestigkeit demonstrieren. Er setzte ein großes Trinkhorn an, aber so sehr er auch trank, es zeichnete sich kein positives Ergebnis ab. Auch hier wurde ihm ein dreimaliger Versuch zugestanden, doch es war ihm nicht möglich, noch größere Mengen aufzunehmen.

Gedemütigt machte sich der Gott an die nächste Herausforderung. Er sollte eine graue Katze aufheben. So sehr er sich auch bemühte, es gelang ihm schließlich nur, ein Bein des Tieres vom Boden zu lösen.

Eine weitere Kraftprobe, die ihm der Riesenkönig anbot, war, gegen seine alte Amme Eli zu kämpfen. Bereits in der Aufgabe selbst sah sich Thor entwertet. Ein altes Weib als Gegnerin war nahezu ehrenrührig. Doch als er sich schließlich bereitfand, musste er erleben, dass die Alte unglaubliche Kräfte entwickelte und ihn schließlich besiegte.

Betrachten wir den hammerschwingenden Thor, wie er immer genannt wurde, aus der Sicht der Analytischen Psychologie, dann ist seine Gesamteinstellung zur Welt deutlich extravertiert. Im Gegensatz zum denkenden Odin ist sein Handeln sichtbar vom Fühlen bestimmt. Er ist sinnenfroh, genießt die Fülle des Essens und dürfte über seine Symboltiere, die Böcke, auch der Sexualität zugetan gewesen sein. Seine liebevolle Beziehung zu den Menschen, seine Hilfsbereitschaft, weist ihn als eine Persönlichkeit aus, in deren Zentrum die Fühlfunktion steht. Diese steht dem Denken diametral gegenüber. So wird verständlich, dass Odin und Thor einerseits Gegenspieler sein können, sich zum anderen gerade suchen, weil die Stärke des einen mit der Schwäche des anderen korrespondiert. Als erste Hilfsfunktion, wie es Jung bezeichnet, dürfte die sogenannte Empfindungsfunktion für ihn von zentraler Bedeutung sein. Mut, manchmal ohne zuvor zu reflektieren, Handeln unter Einsatz seiner Kraft, bestimmen sein Dasein. Diese Empfindungsfunktion ist der Gegenpol zur Intuition. Man könnte versucht sein, hier einen Hinweis auf Thors Einstellung zu vermuten. Die rohe Kraft seiner Fäuste reicht nicht aus, sich mit dem Geschlecht der Riesen auseinander zu setzen. Ihre archaische Kraft ist mit magischen Möglichkeiten verbunden. Sie haben offensichtlich Zugang zu einer Dimension, die weder für die göttlichen noch die menschlichen Augen wahrnehmbar ist. Thor, als die zentrale Figur in diesem Mythos, ist nicht in der Lage, anderes als die sichtbare Realität zu erkennen.

Der Aufenthalt im Fausthandschuh des Riesen, der dessen Überlegenheit unterstreicht, wird nicht weiter hinterfragt, sondern nur als brauchbare Erklärung hingenommen. Auf das störende Schnarchen reagiert Thor wieder eindimensional mit Gewalt. Dass sie keine Wirkung zeigt, ist ihm ein Rätsel, doch auch hier wird das Phänomen nicht reflektiert. Dass das Geheimnis des Riesen Skrymir mit dem Riesenkönig Utgardloki im Zusammenhang stehen könnte, dass dieser möglicherweise mit Magie arbeitet, erscheint zwar verwunderlich, regt aber nicht zum Nachdenken an. Hieran wird sichtbar, wie die Fixierung auf eine Funktion für Ereignisse, die einen flexiblen Umgang mit anderen Funktionen erforderten, blind für Lösungen machen kann. Weder fragt Thor sich, warum ihm die Lösung der Aufgaben trotz seiner immensen Stärke nicht gelingt, noch spürt er intuitiv, dass diese Herausforderungen nicht mit rechten Dingen zugehen.

Die im Vordergrund stehende Tatkraft sieht die Realitäten eindimensional. Thor bekommt eine Aufgabe und glaubt sie erneut vordergründig mit seiner Stärke lösen zu können. Er steht ratlos davor, dass diese seine überlegene Kraft nicht zum gewünschten Erfolg führt.

Konnte Thjalfir trotz seiner ungewöhnlichen Schnelligkeit den Wettbewerb nicht gewinnen, erlebt Thor nur als Kränkung. Dass selbst der listige Loki im Wettbewerb scheitert, erzürnt ihn. Dass er schließlich die dreimalige Probe seiner Stärke nicht besteht, ist für ihn ein unverständliches Rätsel. Verletzt und gekränkt verbringt er mit seinen Genossen die Nacht, verärgert über die ausgelassene Freude der Riesen in ihrer demonstrativen Überlegenheit.

Als Utgardloki am nächsten Tag den Grund ihres Versagens erläutert, erntet er nur Beschämung, nicht aber die Erkenntnis, dass Stärke erst dann zu einer wirklichen Kraft wird, wenn die angemessene Reflexion als anderer Pol dazu genommen wird. Zur bewussten Geschwindigkeit im Körperlichen gehört die geistige Beweglichkeit. Darum hat Thjalfi einen Wettlauf mit dem Gedanken des Riesenkönigs gemacht und der war schneller. Loki hat sich zu wenig mit seiner feurigen Identität verbunden, darum war er, als das Feuer beim Wettessen sein Gegner war, unterlegen. Feuer wandelt alles, was verbrannt werden soll in eine neue Realität. Solange man das Feuer nur unter dem Aspekt der Realität anschaut, wird man dem Wandlungsaspekt, der eine andere Realität umschreibt, nicht gerecht. Darum musste Loki trotz seiner Fähigkeiten unterliegen. Die dreifache Konfrontation mit Aufgaben, in denen Thor seine überlegene Stärke beweisen wollte, zeigt erneut, dass Kraft allein kein ausreichender Schlüssel ist, um den Aufgaben des Daseins gerecht zu werden. Mit seinem Trinkhorn war Thor an das Meer angeschlossen. Es war in so gewaltigen Mengen gesunken, dass zwar Ebbe eingetreten war, aber die Fülle des Meeres war unerschöpflich. Die graue Katze war in Wirklichkeit die Midgardschlange, deren Dominanz er zwar relativieren konnte, indem er ein Bein der Katze vom Boden lösen, sie jedoch nicht besiegen konnte. Hinter der Amme verbarg sich das Alter, gegen das niemand ankämpfen kann. Es vollzieht sich bei jedem in seiner archetypisch bedingten Realität. Indem sich der Riesenkönig zu seiner Identität als Riese Skrymir bekennt, entschlüsselt er auch, warum Thor ihn nicht weiter verletzen konnte. Er hatte einen unsichtbaren Felsen zwischen sich und Thor gestellt und sich so vor den sonst tödlichen Schlägen geschützt. Damit wird zwar Thor in seiner Kraft anerkannt, doch gleichzeitig angedeutet, dass die Kraft als Berserker nicht ausreicht, um einen Gegner zu besiegen. Die drei Aufgaben, die wiederum eine andere Form der Wirklichkeit zeigen, müssen in die Funktion des realitätsorientierten Handelns einbezogen werden. Die Gesetzmäßigkeit des Meeres, das sich uns in den Gezeiten darstellt, kann auch mit der größten menschlichen Anstrengung nicht verändert werden. Die Midgardschlange in ihrer giftigen, Leben gefährdenden Art ist Repräsentantin des Bösen und darf in dieser Identität weder verleugnet noch verharmlost werden. Man kann das Böse nicht aus der Welt schaffen, sondern es in den dunklen Aspekten auch als Möglichkeit in die eigene Persönlichkeit integrieren. Nur in der Projektion behält es seine destruktive, alle und alles überwältigende Macht. Ebenso gibt es eine andere Wirklichkeit als die des vitalen Lebens, die Thor repräsentiert, die aber auch der Amme als einst junger Frau zu eigen war. Es ist das Altern und die damit verbundene Tatsache des Sterbens. Diese Entwicklung ist eine archetypische Gewissheit und unumkehrbar.

Im Verständnis der Ichfunktionen stellt sich Thor als Persönlichkeit dar, der ganz mit seiner Kraft und Stärke, symbolisiert im Hammer Mjöllnir, identifiziert ist. Er ist ein ständig Handelnder, zuverlässig an der Realität orientiert. Für ihn zählt das Objekt, mit dem er sich auseinandersetzt. Agieren liegt ihm mehr als ein Reflektieren. Auf der anderen Seite ist er gutmütig und setzt sich immer wieder voll Mitgefühl für die Menschen ein. Dies bestätigt die Einschätzung Thors als einen Empfindungstypen. Dies ist neben der Fühlfunktion seine wichtigste Funktion, die er unreflektiert einsetzt. Kann er mit dieser Kraft nichts ausrichten, neigt er zu einem negativen Gefühlsüberschwang, er wird depressiv. Diesen Ablauf illustriert die Geschichte mit Utgartloki sehr überzeugend. Er hätte die Situation bei dem Riesenkönig denkend oder intuitiv besser durchschauen und damit Kränkung und Demütigung vermeiden können, wenn ihm jene beiden Funktionen vertrauter gewesen wären.

Ein kollektives Moment fällt in dieser Geschichte besonders auf. Es macht den Eindruck, als ob die Götter sehr selbstbezogen agieren. Dominanz, Macht und Selbstdarstellung lassen auf narzisstische Züge schließen, denen eine bezogene Bindung um der Beziehung selbst willen fremd ist.

Dies greift Loki in seinen gnadenlosen Schmähreden auf: „Deine Ostfahrten ließest du besser verborgen sein, seit du, Held, hocktest in des Handschuhs Däumling und dich nicht trautest Thor zu sein. Raum schienen dir die Riemen Skrymirs, nicht mochtest du kommen zu Kost, ganz warst du von Hunger hin."

Exkurs: Tatkraft und Einfühlungsbereitschaft, eine notwendige Verbindung

Zupackendes Handeln kann viel bewirken. Es gehört jedoch zur Tatkraft auch ein Stück Einfühlung in die Materie. Ein Aktivitätsrausch garantiert noch kein erfolgreiches Resultat. Es gehört auch ein Einfühlen in die eigenen Möglichkeiten dazu. Wo sind die eigenen Grenzen, wo sind die Grenzen des anderen? Menschen, die ausschließlich mit der handelnden Dynamik identifiziert sind, neigen zu Willkür und Rücksichtslosigkeit. Das eigene Tempo, die eigene Überzeugung, die eigene Richtigkeit, die vor allem durch die Schnelligkeit des eigenen Tuns legitimiert wird, überrollt oft die anderen und wird in der Konsequenz als Selbstgerechtigkeit abgelehnt. Zum dynamischen Handeln gehört als ausgleichendes Moment die Ruhe, das Verweilen, um ein innerpsychisches Gleichgewicht herzustellen. Gelassenheit kann man bei den Stoikern lernen. Gleichmut hilft, sich nicht als Opfer eines unberechenbaren Geschickes zu sehen, sondern sich stattdessen als ein Mensch zu fühlen, der sein Leben führt, statt geführt zu werden. So bleibt die Chance der Entscheidungsfreiheit, die echte Autonomie erlaubt. Ob Seneca oder Sokrates – beide konnten sich auch im Angesicht des Todes ihre Würde bewahren. Es half dabei sicher ihre stoische Haltung, die alles, selbst noch den Tod, relativieren kann. Seneca drückt diese Haltung, die Angstfreiheit in sich schließt, mit folgenden Worten aus:

„Sei nicht unglücklich vor der Zeit, denn das, als dir drohend, in Angst versetzt, wird vielleicht nie kommen, oder ist wenigstens noch nicht gekommen [...] Frage dich selbst: Quäle und kümmere ich mich etwa ohne Grund, und mache vielleicht zu einem Übel, was keines ist?“

Wenn man bedenkt, dass Nero Senecas Schüler war, und ihn in Verkennung von Würde und Wert zum Suizid zwang, dann ist diese Gelassenheit doppelt bewundernswert. Da im Hintergrund Neid und unterschwellige Angst vor Machtverlust eine Rolle spielte, verzichteten beide Philosophen darauf, Gerechtigkeit zu erzwingen und gingen gelassen in den Tod.

Sind wir dazu heute noch in der Lage? Können wir den Ängsten vor einem bedrohlich erlebten Schicksal mit die-

ser Gelassenheit begegnen und bereit sein das hinzunehmen, was wir nicht ändern können. Ist es möglich, auf
eine Anspruchshaltung zu verzichten, die überzeugt ist,
dass das Leben verpflichtet ist, uns ein optimales Dasein zu
ermöglichen? Ist das Leben in der Bringschuld? Und wo
ist unser Beitrag gefragt?
Eine verschlüsselte Antwort finden wir in den Götterlie-
dern der älteren Edda:

„Das Verlangen weiß es, das beim Herzen wohnt. Es allein
kennt das Gemüt. Kein Leiden ist ärger dem klugen Mann,
als unglücklich zu sein.“

Heimdall, der Unbestechliche

Neben dem kraftstrotzenden Donnerer Thor steht sein
Bruder Heimdall. Er gilt als lichter Gott, als „Beleuchter
der Welt“. Als dieser ist er heilig und mächtig. Neun Riesinnen sind seine Mütter. Diese verfügen über gewaltige
Namen, die in umfassender Weise Gefühlsinhalte und Ge-
fühlskomplexe widerspiegeln:
Galp ist die Brausende, Greip, die Umkrallende, Eistla, die
rasch dahin Stürmende, Eyrjafa, die Sandspenderin, Ul-
frun, die Wölfische, Angeyja, die Bedrängende, Imd, die
Dunstige, Aula, die Furchtbare, Jarnsaxa, das Eisenschwert
als schneidende Kälte. Diese Riesinnen in ihrer umfassenden Stärke entsprechen den überlieferten neun Wogen-
mädchen, Töchter der Meeresgöttin Ran. So wurde
Heimdall auch als Sohn der Meereswellen bezeichnet. Es
ist naheliegend, analog der Wassersymbolik, von einer Do-

minanz des Weiblichen auszugehen, die das Wesen des Gottes prägte. Gleichzeitig ist er aber auch dem solaren Moment nahe, wenn der Mythos von seinen Goldzähnen spricht und er ein Ross mit Namen Goldbüschel besitzt. Heimdall wurde auch verehrt als Gott der Morgenfrühe. Er hütet die Brücke Bifröst und schützt die Götter vor einem Überfall seitens der Riesen. Er ist der getreue Wächter, der nicht ruht und Gjullar, das Horn, besitzt, mit dem er zum letzten Kampf aufruft.

Er verfügt über eine hohe Intuition, indem von ihm berichtet wird, dass er sowohl das Gras, als auch die Wolle der Schafe wachsen höre. Sein ahnendes Vermögen wird begleitet von warmen und bezogenen Gefühlen. Dies wird in der Geschichte von Lokis Raub von Brisingamen, dem kostbaren Halsschmuck Freyas, spürbar. Zwar versucht Loki, in Gestalt einer Robbe, sich im Wasser zu verstecken, aber Heimdall gelingt es in seiner tiefen Verbundenheit zum Wasser, sich ebenfalls in einen Seehund zu verwandeln, dem räuberischen Gott den Schmuck abzugjagen und ihn der dankbaren Göttin zurück zu geben. Heimdall als der vollkommene Lichtgott steht in hoher sozialer Verantwortung schützend und helfend dem Guten bei. Das Gute muss aber auch den Schatten des Negativen einschließen. Auf diese Notwendigkeit könnten seine neun Mütter hinweisen, die aus archetypischer Sicht die gefährlichen Seiten des Weiblich-Mütterlichen vertreten. In ihren Namen vereinigen sich diese dunklen Impulse: In psychologischer Sprache ist es der Aspekt der fehlenden Impulskontrolle, als eine Macht, die festhält, die verschlingt, die Kälte und Beziehungslosigkeit lebt und letztlich in Abhängigkeit fixiert. Damit wird die Entwicklung zur Eigenstän-

146

digkeit erschwert oder gar verhindert. Als Sohn der Meereswogen scheint Heimdall jedoch in gleicher Weise die guten Seiten des Mütterlichen in sich zu tragen. Denn das Meer ermöglicht eine fließende Bewegung, kann beruhigen und über den Rhythmus seiner verlässlichen Bewegung Sicherheit vermitteln. Heimdall mit diesen polaren Fähigkeiten übernimmt die Verantwortung, das Leben der Götter vor feindlichen Übergriffen zu schützen. Ein einziges Mal hat er, der stets Wachsame, sich vom Schlaf überwältigen lassen. Dabei wurde ihm sein Lichtschwert gestohlen oder auch mit einem minderwertigen vertauscht. So war er sinnbildlich seiner Manneskraft beraubt und musste im letzten Kampf mit Loki unterliegen.

Heimdall, der edelste der Asen, wie er in der Edda wiederholt benannt wird, ist darüber hinaus auch der Vater der Stände. Das bedeutet, dass er in die Welt der Menschen Struktur, Ordnung und Überschaubarkeit brachte. Mit diesen Eigenschaften nähert er sich auch persönlich wieder der Symbolik der Drei, die auf einer anderen Ebene in das Chaos Systematik bringt. Diese Ordnung, die dem Handeln einen Rahmen gibt, ist notwendig, damit die Verwirklichung eigener Überzeugungen nicht in Willkür entartet, oder umgekehrt ein unpersönlicher Anpassungsdruck resignative Stagnation hervorruft.

Eine Geschichte macht diese weitere Eigenschaft anschaulich:

Als Rig wanderte Heimdall einst am Strand entlang. In einer Hütte traf er ein altes Ehepaar, Ai und Edda, was den Begriffen Urgroßvater und Urgroßmutter entspricht. Rig wurde mit Brot und Suppe bewirtet. Ai trat ihm an-

schließend seinen Platz im Ehebett ab. Drei Nächte blieb
der Gott. Nach 9 Monaten gebar Edda einen Sohn mit
gelber Hautfarbe und schwarzen Haaren. Er wurde mit
„Knecht" bezeichnet und stand stellvertretend für den die-
nenden Teil der Menschheit. Er wurde dazu erzogen, Bast
zu binden, Bündel zu schnüren und Reiser zu tragen.
Rig traf auf seiner Wanderung nach geraumer Zeit auf
ein zweites Haus, in dem Großvater und Großmutter
wohnten. Beide waren kreativ tätig. Der Mann spaltete
Holz für den Hebebaum, die Frau arbeitete an einem fei-
nen Gespinst. Der Gott wurde gut bewirtet und erhielt
wieder den Platz im Ehebett. Erneut blieb er drei Tage.
Nach neun Monaten gebar die Frau einen Sohn mit Namen Karl. Er war von rötlicher Hautfarbe und hatte helle
Haare. Karl wurde einem höheren Stand gemäß erzogen:
Er zähmte Stiere, zimmerte Pflüge und erbaute Häuser.
Ihm wurde der Stand des Bauern zugeordnet. Schließlich
gelangte der Gott auf seiner Wanderung zu einer Halle in
dem „Vater" und „Mutter" saßen. Der Hausherr schnitzte
Pfeile. Beide saßen auf einem gepflegten Estrich und der
Tisch war mit köstlichen Speisen bedeckt. Wieder wurde
dem Gast das Ehebett für drei Nächte zugestanden. Nach
neun Monaten kam ein Knabe mit weißen Wangen und
glänzenden Augen zur Welt. Sein Name war Jarl, was so
viel wie Edling bedeutete. Jarl lernte den Gebrauch der
Waffen, die Lanze zu schwingen, den Bogen zu spannen,
den Speer zu schleudern. Heimdall in Gestalt des Rig kam
selbst zurück, lehrte Jarl das Lesen der Runen und schenkte ihm Land und Leute.
In diesem schönen Mythos zeigt sich, dass Heimdall nicht
willkürlich eine Struktur schuf, sondern eine göttliche

Ordnung herstellte. Er gesellte sich jeder Frau mit seinen göttlichen Kräften zu. Den Kindern wird gemäß ihrer Veranlagung und ihrer Möglichkeiten eine bestimmte Rolle zugeteilt. Ist in ihren sich verjüngenden Eltern auch eine symbolische Botschaft verborgen? Geht es darum, dass vitale Eltern, die einem bestimmten Stand angehören, auch bessere Entwicklungschancen anbieten können? Oder geht es auch hier um die Akzeptanz gewisser Gesetzmäßigkeiten, die nichts mit Bevorzugung und Benachteiligung, Unglück oder Glück zu tun haben?

Die Identität als Knecht, Bauer oder Edelmann ist mit keiner urteilenden Haltung verbunden. Jede Begabung, jede Tätigkeit wird gebraucht, und schließt seinen Wert in sich. Das bildet sich bereits im unterschiedlichen Aussehen der Neugeborenen ab, obwohl es Kinder des gleichen Gottes sind. Gerechtigkeit aus göttlicher Hand ist nicht eine buchstabengetreue Gleichheit. Jedem wird das zugeteilt, was ihm entspricht und wofür er ausgestattet ist.

So könnte man Heimdall als den Wissenden ansprechen, der weiß, was jedem der jungen Männer entspricht, ohne dass er die Unterschiedlichkeit zu einer Wertfrage macht. Damit ist eine wichtige Eigenschaft des Gottes bereits benannt. Heimdall dürfte man als Hauptfunktion die Intuition zuordnen. Daneben stehen ihm Gemütskräfte zur Verfügung. Beide Funktionen sind offensichtlich überwiegend extravertiert. Mit diesen Fähigkeiten eignet er sich sehr als Wächter, der Unheil ahnt, längst bevor es in Erscheinung tritt. Eine Entsprechung finden wir in der griechischen Mythologie bei der trojanischen Königstochter Kassandra.

Weil sie sich dem Gott Apoll verweigerte, verlieh er ihr zwar einerseits die Gabe der Weissagung, zum anderen aber auch den Fluch, dass ihr niemand glauben solle. Auch Heimdall wusste um den Untergang der Götter, doch erst sein Ruf mit dem Gjallarhorn, das auf der ganzen Welt zu hören war, wies auf den Ernst der Stunde hin. Ragnarök, der Weltenbrand, war nicht mehr aufzuhalten.

Heimdalls Intuition ist insgesamt nicht verstiegen, sondern eng mit seiner Wahrnehmung der Realität verbunden. Sein Denken wiederum ist weder anmaßend noch „vernünftig". Es bleibt der Realität verbunden und verirrt sich nicht in Wertungen. Zusätzlich verfügt er über eine lebendige Fühlfunktion und die Bereitschaft, Verantwortung zu übernehmen, indem er die Regenbogenbrücke Bifröst, den Zugang zu Asgard, bewacht. Heimdall ist der einzige Gott, der offensichtlich Zugang zu allen vier Ichfunktionen besitzt. Das mag die eigentliche Lichtqualität seiner Person ausmachen, die frei ist von Anmaßung und Selbstherrlichkeit. Er ist der Unbestechliche, der jedem das Rechte zumisst.

Aber auch ihn entwertet Loki, wenn er sagt: „Dir ward ein hässlich Geschick in der Urzeit auferlegt, da mit nassem Buckel du nächtlich stehen und Walhall bewachen musst." Loki ist der erklärte Feind Heimdalls. Er bildet gewissermaßen den dunklen Gegenpol. Ist Heimdall licht und transparent, der Gott des beginnenden Tages, ist Loki dunkel, durchtrieben und undurchschaubar, der Gott, der den Untergang einleitet. Hierzu passt, dass er vermutlich in einem unbewachten Moment Heimdall das sagenumwobene Schwert Hofud entwendet. Dieser Name bedeutet so viel wie Haupt. Es liegt eine mögliche Interpretation nahe: Heimdall, der ohne Falsch und Hinterlist getreulich seines Wächteramtes waltet, ist in seiner Lichtgestalt für Loki eine ständige Herausforderung. Dabei setzt Heimdall vielleicht zu wenig auf rationale Nüchternheit, weshalb er an manchen Stellen als dümmster der Asen bezeichnet wird. Das Haupt, (der Name des Schwertes), als Sitz des Denkens, wird von Loki geraubt, das heißt, er eignet sich diese Eigenschaft zusätzlich an und ist damit in der Lage, Heimdall mit dessen eigener Waffe, dem denkenden und realitätsorientierten Handeln, zu schlagen.

Exkurs: Vom Wert der alten Tugenden

Wie bedeutsam sind heute die alten Tugenden wie Verlässlichkeit, Redlichkeit, Unbestechlichkeit. Treu und Glauben genügten früher, um einen Vertrag per Handschlag zu besiegeln. Kann man sich noch auf andere verlassen, oder ist man in einem solchen Fall verlassen? Auf der einen Seite sind diese, sich an den Mythos anlehnende, Kassandrarufe berechtigt. Situationen und Menschen zu seinem Vorteil zu nutzen, sich auf welche Weise auch immer zu bereichern, ohne sich um Moral zu kümmern, sich vom Glanz des Habens blenden zu lassen, scheint vernünftig. „Die anderen machen es doch genauso", sagte mir ein Jugendlicher. „Warum soll ich ehrlich sein, wenn ich hinterher nur der Dumme bin?"
Aber es gibt auch die anderen. Gerade die junge Generation ist durchaus sehr verantwortungsbewusst. Sie sind oft

ganz anders als ihr Ruf. Sie können außerordentlich hilfsbereit und einfühlsam sein, wenn sie das Gleiche von Erwachsenen erleben.

Aber die Realität sieht leider oft anders aus. Immer wieder sind sie mit negativen Vorurteilen konfrontiert, mit Entwertungen und vernichtenden Pauschalurteilen. „Die Jugend von heute liebt den Luxus, hat schlechte Manieren und verachtet die Autorität. Sie widersprechen ihren Eltern, legen die Beine übereinander und tyrannisieren ihre Lehrer." (Sokrates, 398 v. Chr.)

Sehr beeindruckt hat mich eine Fünfzehnjährige, die in der ersten Coronawelle zu mir sagte: „Ich möchte jetzt nicht zur Therapie kommen. Selbst wenn ich Sie nicht anstecke. Aber wenn Sie krank würden, würde ich mir immer den Vorwurf machen, dass ich Sie vielleicht doch infiziert habe." Ist das nicht ein anrührendes Verantwortungsbewusstsein? Sicher, auch hier kann man egoistische Motive unterstellen. Immer kann man das finden, was man sucht. Aber haben unsere Heranwachsenden nicht das Recht, positiv gesehen zu werden?

Die gleiche Jugendliche sagte mir ein gutes Jahr später. „Wir tragen doch alle zuverlässig eine Maske, um euch Alte zu schützen. Könnt ihr das sehen? Wir würden doch auch lieber Party machen und das Leben genießen, wie Ihr es sicher auch gemacht habt, als Ihr jung gewesen seid." Die Jugendliche ließ mich nach dieser Stunde sehr nachdenklich zurück. Was leben wir den Kindern und Jugendlichen vor? Schätzen wir die alten Tugenden gleichermaßen für uns als verbindlich ein, oder dominiert auch bei uns Selbstbezogenheit und Rücksichtslosigkeit? Wie gehen wir mit den Geistern um, die wir ohne große

152

Verantwortungsbereitschaft gerufen haben und deren unabsehbare Folgen spätere Generationen tragen müssen?

Hierzu schrieb Henning Mankell (2017) bewegende Worte:

„Indem wir die Welt im Rückspiegel betrachten, konnten wir sehen, worauf auch wir selbst zusteuern.... dass wir bereit jetzt bestimmt haben, was die entfernteste Erinnerung an unsere Zivilisation sein wird… Zwei Dinge werden zurück bleiben: Das Raumschiff Voyager auf seiner ewigen Reise in den äußeren Weltraum und der nukleare Abfall in den unterirdischen Schächten.
Wenn dieser Abfall 100000 Jahre strahlt, dann ist dieses tödliche Erbe, dem sich unsere Nachkommen nichtsahnend aussetzen, das, was von uns bleibt. Nicht unsere Kultur, unser Bauwerke, unsere Komponisten, Dichter und Denker, sondern nur das Vermächtnis unserer unglaublichen Selbstbezogenheit, die die Verantwortung für eine lebenswerte Zukunft nachfolgender Generationen menschenverachtend aufs Spiel setzt."

Freyr, der Lichtbringer

Freyr gehörte, ebenso wie seine Schwester Freya, ursprünglich dem Göttergeschlecht der Wanen an. Diese waren hell und licht, im deutlichen Gegensatz zu den Asen, die sich vor allem durch Kampfbereitschaft und Kriege auszeichneten. Das Geschwisterpaar wurde zum Symbol einer Versöhnung beider Göttergeschlechter, während die Asen als Unterpfand für ihre friedliche Haltung Mimir und Hödr an die Wanen auslieferten. Freyr verschmolz mit den Asen, so dass er unter dem Ausspruch bekannt wurde, der „Vorzüglichste der Asen" zu sein. Er galt als der Sonnengott, ebenso, wie seine Schwester Freya als Göttin dieses zentralen Gestirns verehrt wurde.

Niemand hasste ihn. Er war der Lichte und Reine und fühlte sich dem Frieden verpflichtet. Daneben galt er als Garant von Fruchtbarkeit und Wohlstand. Er vertrat die Institution der Ehe und den Wert des Kindersegens.

Zu Freyr gehört der von den Zwergen geschmiedete goldborstige Eber. Als Himmelsgott reitet der Gott das Sonnenross Blodughoff. Um seine insgesamt wenig beschriebene Identität deutlicher zu erfassen, lohnt es sich, sowohl der Symbolik des Pferdes, als auch des Ebers nachzugehen. Der Eber vertritt im Gegensatz zur lichten, friedlichen Identität des Gottes den Gegenpol, sodass sich auf diese Weise ein inneres Gleichgewicht vollzieht. Die Kampfeslust des Ebers machte ihn zum Symbol des persischen Kriegsgottes Verethragna. Der Helmschmuck der Germanen wurde zum Symbol des feurigen Elementes, und auch die Gallier schätzten den feurigen Eber sehr. Indem der Eber Reittier des Freyr ist, wird möglicherweise betont, dass Freyr ihn in seinen kämpferischen Impulsen integrierte und gleichzeitig über die goldenen Borsten die Nähe zum solaren Prinzip erneut herstellte.

Das Pferd hat die Menschen von jeher fasziniert. In der griechischen Mythologie schenkte der Meeresgott Poseidon dieses Tier den Menschen. Athene jedoch gab ihnen dazu das Zaumzeug. Diese Göttin, wegen ihrer Klugheit geschätzt, vermittelte damit, dass zur Wildheit und zum Ungestüm immer auch die Notwendigkeit gehört, diese Triebimpulse zu zügeln. In der Antike war das Wissen selbstverständlich, dass besonders die Königssöhne das Wagen Lenken lernen mussten. Das bedeutete, die Pferdekraft, mit anderen Worten, die wilden Instinkte, beherrschen zu können. Modern ausgedrückt, geht es um die Fähigkeit der Impulskontrolle. Wenn das nicht gelingt, verselbständigen sich diese Pferdekräfte, was bis heute, wenn wir an legale und illegale Autorennen denken, nicht selten ins Unglück führt. Ein Beispiel aus der Antike ist Phaeton, der Sohn des Sonnengottes. Er erbat sich die Gunst, einen Tag die Pferde des Sonnenwagens lenken zu dürfen. Doch er war der wilden Energie, die seiner eigenen ungesteuerten Triebseite entsprach, nicht gewachsen, so dass er, vom Blitz des Zeus getroffen, abstürzte.

Das Pferd kann als Reittier den sicheren Kontakt zum Erdboden herstellen. Es hat jedoch auch die Möglichkeit, die Weiten des Himmels als geflügelter Pegasus zu durchmessen. Diese positiven Eigenschaften werden in der nordischen Mythologie gleichermaßen vom Gegenteil begleitet. Das achtbeinige Pferd Sleipnir, auf dem Odin reitet, sammelt auf dem Schlachtfeld die Toten ein. Es gibt in der Unterwelt, dem Reich der düsteren Hel, ihr Reittier ein schwarzes Dämonenpferd. Auch der Kupferstich von Albrecht Dürer „Ritter, Tod und Teufel“ unterstreicht die Todesnähe, die mit dem Pferd auf der Symbolebene verbunden ist. Die Kelten ihrerseits schätzten das Pferd in seiner positiven Verbindung zum solaren Prinzip hoch ein und verehrten es in Gestalt der Pferdegöttin Epona. Die Rigveda wiederum kennt das weiße Pferd in der Bezeichnung

„Hengst". So lässt sich die Symbolik des Pferdes nicht einseitig auf eine männliche oder weibliche Bildersprache festlegen, sondern steht für eine Universalität, die es zum besonderen und wertvollen Begleiter des Menschen macht.

Somit ist Freyr als Gott des Lichtes, auch mit seiner Triebseite, symbolisiert durch Pferd und Eber, verbunden. Seine Identität ist auf diese Weise nicht gespalten, sondern in ihrer Dynamik eindeutig. Zusätzlich wird Freyr auch als Gott der Schifffahrt verehrt. Das, von den Zwergen verfertigte, wunderbare Schiff, dass stets von gutem Wind unterstützt wird, aber auch, klein zusammengelegt, in einer Tasche oder einem Beutel Platz findet, könnte auf Souveränität und Eigenständigkeit hinweisen.

Die mit Freyr in Verbindung gebrachten unterschiedlichen Symbole knüpfen an die wesentlichen Elemente, die Leben ermöglichen, an: Es ist zunächst die Sonne als zentrales Organ, das für Wärme und Wachstum sorgt. Das Wasser bedeutet die Voraussetzung, dass Leben überhaupt entstehen kann und schließlich bildet die Erde den festen und belastbaren Untergrund, den Freyrs Pferd berührt. Damit wird wieder die Zahl Drei in ihrer strukturierenden Qualität in den Mittelpunkt gerückt. Sie wird erneut zum Symbol, sich in Raum und Zeit zu orientieren und der Vielfalt göttlicher und letztlich auch menschlicher Möglichkeiten Rechnung zu tragen.

Aber auch dieser Gott hat aus psychologischer Sicht eine Schattenseite. Es mag einer möglichen Rivalität mit Odin entsprechen, dass er sich einst auf den Thron des obersten Gottes setzte. Von hier aus konnte man die ganz Welt überblicken, eine Perspektive, die jedoch nur Odin vorbehalten war. Deutet sich hier ein Neidaspekt an, der zwangsläufig das allzu Helle und Reine des Gottes kompensieren muss? „Wo viel Licht ist, ist starker Schatten." Dieser Ausspruch, der Goethe zugeschrieben wird, bewahrheitet sich auch bei Freyr. Von seiner hohen Position, deren er sich zu Unrecht bemächtigt hat, sieht er in der Ferne Gerd, die Tochter des Riesen Gymir. Sofort verliebt er sich unsterblich in sie und glaubt, ohne sie nicht leben zu können. Eine besondere Faszination scheint von ihren weißen Armen auszugehen, die im Licht der Sonne strahlen und die ganze Welt, Erde und Meer beleuchten. Für Freyr wurde sie zur schönsten Frau der Welt. Sein Sinnen und Trachten ist nur noch darauf gerichtet, Gerd für sich zu gewinnen. Angesichts der Unmöglichkeit, sein Begehren sofort zu erfüllen, fällt er in eine tiefe Depression.

Seinen Liebeskummer enthüllt Freyr seinem besten Freund Skirnir, der sich schließlich anbietet, stellvertretend um die Riesentochter zu werben. Als Brautgeschenke gibt Freyr ihm die goldenen Äpfel der Idun, die ewig jung erhalten und den goldenen Ring Draupnir, der ständig neue Goldringe produziert. Skirnir erbittet sich das schnelle und wunderkräftige Pferd des Gottes ebenso wie sein unfehlbares Schwert, das wie ein Lichtstrahl funkelt.

Geht man auf die Gefühle des Gottes ein, so begegnet einem, ebenso wie in vielen Märchen, einer Verliebtheit, die nur aufs Haben bedacht ist. Die Persönlichkeit und der Wille der begehrten Schönen fallen nicht ins Gewicht. So ist es naheliegend, von der Projektion eines inneren Bildes zu sprechen. Es ist die Anima, das weibliche Innbild des Mannes, die im Außen als verführerisches Wesen wahrgenommen wird und ein hohes Faszinosum ausstrahlt. In einer solchen Situation geht es nicht mehr um die aufmerksame Wahrnehmung der Frau im Bedürfnis, einem Gegenüber auf Augenhöhe zu begegnen, sondern um eine sofortige und letztlich rücksichtslose Wunscherfüllung. Eine Parallele findet sich im Grimmschen Märchen „Sechse kommen durch die ganze Welt." Ein Prinz verliebt sich in das Bild einer Prinzessin und reagiert, angesichts der Unerreichbarkeit, ähnlich wie Freyr mit einer tiefen Depression. Schließlich macht er sich auf, um die Begehrte für sich zu gewinnen. Der Weg zu ihr führt ihn jedoch zunächst zu Männern, die außerordentliche Eigenschaften besitzen. Sie wenden sie jedoch nicht an, weil sie damit aus dem Gewöhnlichen und Gewohnten heraus fallen und möglicherweise dadurch angreifbar würden. Einer verzichtet zum Beispiel auf das schnelle Laufen und hat sich darum ein Bein abgeschnallt; ein anderer hat sich die Augen verbunden, weil sein Blick so scharf ist, dass Gläser zersprängen. Es sind insgesamt fünf außergewöhnliche Eigenschaften, die der Prinz als abgespaltene eigene Anteile erkennen und als autonome Kräfte in seine Persönlichkeit integrieren muss. Dieser Aufgabe trägt er Rechnung, indem er sie einlädt, ihn zu begleiten. So ist er sehr gut ausgestattet, um die Prinzessin nach manchen Schwierigkeiten, die der Mutterabhängigkeit der Prinzessin geschuldet sind, für sich zu gewinnen.

Freyr delegiert die Entwicklungsaufgabe zunächst an den Freund. Er stattet ihn aber mit seinen autonomen Eigenschaften, mit seinem ungewöhnlichen, windschnellen Pferd und dem wunderkräftigen Schwert aus. Es ist darum anzunehmen, dass Freyr selbst auf der Subjektebene derjenige ist, der sich auf seine vitalen Kräfte besinnt und sich mit der Riesentochter in einen kämpferischen Austausch begibt. Das Pferd trägt ihn unerschrocken durch die feurige Waberlohe, die Gerd vor unerlaubtem Zugriff schützen soll. Zusätzlich bellen zwei wütende Hunde und drohten den Eindringling zu zerreißen. Doch es gelingt Skirnir unbeschadet bis zu der schönen Riesentochter vorzudringen. Skirnir (Freyr) wagt damit, sich den eigenen heißen Triebimpulsen, dem Feuer in seiner doppelten Eigenschaft auszusetzen. Feuer kann vernichtend sein, ist aber auch ein Symbol für Wandlung und Veränderung. Die Chance, sich auf die Riesentochter einzulassen, schließt auch die Aktivierung neuer Persönlichkeitsaspekte ein, galt es doch als unverzeihlich, sich mit dem Geschlecht der Riesen zu vereinigen. Zunächst versucht Skirnir, die schöne Gerd zu bestechen. Er bietet ihr die goldenen Äpfel der Idun und den goldenen Ring Draupnir an, doch jene ist selbst so reich, dass das Angebot nicht greift. Sodann versucht er es mit Gewalt, indem er sie bedroht, sowohl den Vater als auch sie zu enthaupten. Schließlich, als Gerd angesichts ihrer realen Riesen-Kräfte auch dies nicht beeindruckt, versucht er es mit Runenzauber. Diese Zauberkräfte gewinnt er aus Runen, die er in Bäume eingeschnitten hat. Sie haben die Funktion, die Riesentochter durch düstere Prophezeiungen zu verstören und ihr eine würdelose Zukunft zuzumuten, falls sie sich weiter weigern würde, auf Freyrs Werbung einzugehen: Entweder würde Gerd einen missgestalteten Riesen mit zwei Köpfen heiraten, oder, noch schlimmer, alt und hässlich werden, Mangel erleiden und in Trübsinn verharren. Sie würde damit das Schicksal einer ungeliebten, unvermählt vor sich hin alternden Jungfer erleiden. In Tränen möge sie trauern, Leid solle ihr beschert sein und Drangsal sie drücken. Schließlich solle sie unvermählt und unfruchtbar wie eine Distel in kalter Tiefe verdorren. Erst jetzt lässt sich Gerd erweichen und verspricht, in neun Tagen, im „knospenden Haine" Freyr anzugehören.

Welche Funktionen sind für Freyr bestimmend?
Seine lichte, helle und sonnige Art, die Menschen beglückt und erfreut, weist auf eine intensive Gefühlsqualität hin. Er erweckt positive Empfindungen, Freude Zuversicht, Hoffnung und Vertrauen. Aber nicht nur die positive emotionale Wirkung auf die Umwelt ist bestimmend, sondern auch seine eigene Bereitschaft, sich emotional berühren zu lassen, wie es beim Anblick der schönen Riesentochter Gerd offenbar wird. Aber er ist auch der dunklen Kehrseite eines dominanten fühlenden Erlebens ausgeliefert. Er maßt sich die Gleichstellung mit Odin an, ist sich jedoch dieses Anspruches in Selbstreflexion nicht bewusst. Damit zeigt sich der Dunkelaspekt des Fühlens als Gefahr des Hochmutes. Die Sehnsucht nach einer gefühlsmäßigen Befriedigung kann so überwertig werden, dass die ausbleibende Erfüllung ein positives Lebensgefühl in Frage stellt.

Einerseits ist es die Verführung zu einer ersehnten Gleichwertigkeit mit Odin. Ausgedrückt liegt in diesem Dunkelaspekt, wie schon angedeutet, die Gefahr der Anmaßung und unreflektierten Grenzüberschreitung. Wird der Sehnsucht nach gefühlter Befriedigung nicht Rechnung getragen, besteht die Gefahr in den dunklen Pol des Fühlens abzustürzen in die Resignation und Depression. Damit erlischt auch die beglückende helle Seite der Gefühlsbetonung, das Leben vergraut. Um zu der Not-wendenden Erfüllung zu kommen, verliert Freyr das Maß. Er opfert sein Leben rettendes Schwert und wird darum beim Weltuntergang im Kampf mit dem Feuerriesen Surt nicht überleben können.

Betrachten wir den Freund als eine Seite des Gottes neben der dominanten Lichtqualität mit den dazu gehörigen Schattenseiten, so gehört zu diesem Gott offensichtlich auch das Handeln, das unerschrockene Zupacken. In Gestalt seines Freundes durchreitet er die Waberlohe, den tödlich wirkenden Feuerkranz und stellt sich furchtlos den fletschenden wilden Hunden entgegen. In der Konfrontation mit der Riesentochter versucht er mit Aspekten des Habens oder der Bedrohung sein Ziel zu erreichen. Schließlich greift er zu magischen Kräften und setzt alles auf eine Karte. Diese rücksichtslos erscheinenden Verwünschungen, wenn sie sich mit den Lichtkräften des Freyr verbinden, weisen auf den Versuch hin, Gegensätze, die sich eigentlich ausschließen, zusammen zu bringen und die Kraft der Riesen mit dem Göttlichen zu verbinden. Man könnte damit Freyr schwerpunktmäßig auf der einen Seite als einen extravertierten Fühltyp einordnen und ihm als wichtige Hilfsfunktion die Tatkraft, die von Jung als Empfindung benannt wird, zuordnen.

Exkurs: Der Umgang mit Pflicht und Verpflichtung als kollektive Aufgabe

Bin ich dafür verantwortlich zu machen, wenn ich mich einer Aufgabe, die die Gemeinschaft verlangt, entziehe? Hören wir heute noch auf die Botschaft des Gewissens, dass nicht nur der Staat verpflichtet ist, uns ein möglichst sorgloses Leben zu bescheren, sondern dass auch wir, als Kollektiv, einen Solidaritätsbeitrag leisten müssen? Wird nicht häufig auf den Staat Bild und Sehnsucht nach einer guten Mutter projiziert, der es eine Freude zu machen hat, den Wohlstandsbürger zu bedienen?

Diese Einstellung bringt in eine Schieflage. Der Einzelne als Mitglied einer großen Gruppe hat auch die Aufgabe zu geben, nicht nur zu nehmen. Horst Eberhard Richter, sprach in den 70er Jahren des letzten Jahrhunderts vom „Lernziel Solidarität". Seine Gedanken haben bis heute nichts an Gültigkeit verloren, auch wenn sie unbequem sind, weil sie fordern.

Wann sehen wir uns in der Pflicht, die passive Anspruchshaltung aufzugeben und als Erwachsene aus der Abhängigkeit in die Autonomie zu wechseln? Statt den Rachen aufzusperren, wie die hungrigen Vogeljungen und sich füttern zu lassen, könnte sich auch die Bereitschaft entwickeln, aktiv ein Glied eines mündigen Kollektivs zu werden. Dann würden sich aus dem unterdrückten kollektiven Schatten kreative Kräfte heraus schälen, die Wandlung und Neuwerdung in sich tragen.

Geist und Triebnatur, Verantwortungsbereitschaft und Egozentrik sind die Pole, die einen Ausgleich fordern, um ein inneres Gleichgewicht herzustellen. Neben dieser individuellen Notwendigkeit ist jedoch auch der Gedanke an die Gemeinschaft ein zentrales Erfordernis.

Die alten platonischen Tugenden Gerechtigkeit, Tapferkeit, Weisheit und Mäßigung sind nicht nur individuelle Entwicklungsnotwendigkeiten, sondern erfahren erst ihre Wirksamkeit im Einsatz für eine Gemeinschaft. Statt Neid, Habgier und Rücksichtslosigkeit zum eigenen Vorteil in den Mittelpunkt einer so bezeichneten Selbstverwirklichung zu stellen, geht es um eine ethische Grundhaltung, die nichts mit Überanpassung oder kleinkarierter Moral zu tun hat. Darum ist diese Haltung nicht nur eine persönliche Ermessensfrage, sondern ist auch eine individuelle Pflicht gegenüber dem Kollektiv. Nietzsche nennt es „das Recht der anderen auf uns". (Precht, 2021, S. 12) Gehört hierher nicht auch die alte biblische Forderung, den Nächsten wie sich selbst zu lieben?

Tyr, der rechte und gerechte Kämpfer

Ein weiterer wichtiger Gott der Asen ist Tyr. Er ist Sohn des Eis- und Meeresriesen Hymir und einer goldglänzenden Frostriesin mit leuchtenden Brauen. Er symbolisierte die sich aus dem Meer erhebende Tageshelle, was zum Beinamen „der Leuchtende" führte. Er war Kriegsgott und damit dem kämpfenden Aspekt Odins sehr nahe. Seine Bedeutung lässt sich auch an der Tatsache ablesen, dass ihm ein Wochentag, der Dienstag, zugeordnet wurde. Er galt als unbestechlich und redlich. Die Bezeichnung Schwertgott weist auf diese seine Verlässlichkeit und Eindeutigkeit hin. Das Schwert trifft Entscheidungen. Es ist Symbol für Klarheit und Mut zum Ja oder Nein. Schwerter wurden in der Regel von Zwergen in der Unterwelt geschmiedet und trugen entscheidend zum Sieg bei. Die nordische Mythologie weiß von vielen Schwertern zu berichten, die ihre Besitzer zu unschlagbaren Helden machten. Ein Charakteristikum dieser Schwerter war, dass sie den Gegner vom Kopf bis zum Sattel in zwei Teile spalten konnten. Wieland, der Schmied, fertigte für seinen Sohn Witege das Schwert Mimung. Es war so scharf, dass es ein Wollknäuel zerteilen konnte. Sowohl Dietrich von Bern als auch Siegfried gingen beim Zwerg Regan in die Lehre. Siegfried wurde mit seinem Schwert Baldung berühmt, Dietrich von Bern mit Eckesachs. Vom Helden Heime wird berichtet, dass er das unschlagbare Schwert Nagelring besaß, während in der Sigurd Sage das Schwert Gram eine wichtige Rolle spielte. Schließlich gehörte zu König Artus das Schwert Excalibur, das bis heute für manche Kinder zu einem magischen Zauberwort für Kraft, Stärke und Überlegenheit geworden ist.

Das Christentum übernahm das Schwert in seiner symbolischen Funktion, wenn der Engel mit dem dräuenden Schwert Adam und Eva den Eingang zum Paradies verwehrt. Auch viele Maler haben sich bei ihren Darstellungen des Jüngsten Gerichtes des Schwertes bedient. Es hatte die Funktion der Unterscheidung von Gerechten und Ungerechten.

Als Lichtgott ist Tyr der lebendige Gegensatz zum Fenriswolf als dem Vertreter der Dunkelheit. Dieser Gott ist
der einzige, der bereit ist, sich für die Lüge der Götter zu
opfern. Angesichts der Unzerreißbarkeit der Fessel beißt
der Wolf die Hand Tyrs, der als einziger zu diesem Opfer
bereit ist, ab. Zwar stecken die Götter ein Schwert in den
aufgerissenen Rachen des Untieres, so dass eine Gau-
mensperre erreicht und er damit unschädlich gemacht
wird, doch die Freude der Götter, ihre Erleichterung,
wird durch das Opfer der Schwerthand Tyrs getrübt. Es
erinnerte sie stets an ihre Doppelzüngigkeit. Lug und
Trug kann nicht länger an Loki allein delegiert werden.
Die eigene Wortbrüchigkeit wird unübersehbar.
Tryr ist damit Gott der unbestechlichen Tat. Als Schwertgott handelt er und bleibt Odin immer in Loyalität verbunden. Indem er Recht und Sitte vertritt und in seiner
Ehrlichkeit eindeutig ist, offenbart er sich zusätzlich als
Denktyp. Ohne sich in sentimentalen Gefühlsausbrüchen
zu verlieren, tut er das, was er auf Grund seines mora-
lischen Empfindens für richtig hält. Er bleibt der geisti-
gen wie physischen Realität verbunden und scheint das
Opfer seiner Schwerthand als logische Konsequenz der
Götter Lüge hinzunehmen.

Loki unterlässt es auch bei Tyr nicht, ihn gerade wegen
seiner Ehrbarkeit zu verspotten:
„Gar schlecht konntest du eines Bundes Bürge sein: Deiner Hand und der rechten muss ich hier gedenken, die
dem Fenris verfiel".
Als sich Tyr nicht provozieren lässt, fügt Loki hinzu
„Schweig doch Tyr! Es geschah deinem Weibe, dass sie

einen Buben mir gebar; nicht Elle noch Pfennig ward für den Unglimpf dir, armer Wicht, gewährt".
Loki versucht, ihn gerade in seinem Gerechtigkeitsgefühl zu treffen und ihm die Nutzlosigkeit seiner Ehrenhaftigkeit vor Augen zu führen.
Und jedes Mal gelingt es diesem Trixter, sein Gegenüber zum Verstummen zu bringen.

Exkurs: Täter und Opfer

Es gibt eine bemerkenswerte Verwandtschaft zwischen dem Status eines Täters und eines Opfers. Das Opfer genießt Mitgefühl und selbstverständliche Solidarität. Dabei wird häufig übersehen, dass gerade die angstbedingte Passivität eines Opfers häufig erst einen potentiellen Täter zum realen Täter macht. In der Interaktion von Schulkindern habe ich oft wahrgenommen, dass Mobbingopfer ihre Angst nicht selten dadurch bewältigen, dass sie in die Täterrolle wechseln.
Ein Zwölfjähriger erzählte mir völlig verzweifelt, dass ein paar Klassenkameraden seinen Schulrucksack vom vierten Stock in den Hof warfen. Bis er alle Sachen wieder aufgesammelt habe, sei die Pause längst vorbei und er käme zu spät ins Klassenzimmer. Das würde bedeuten, dass er immer wieder einen Eintrag bekäme. Er dürfe aber nicht petzen, sonst hätten ihm seine Schulkameraden noch schlimmere Maßnahmen angedroht.
Eines Tages erzählte er mir, dass die Quälereien aufgehört hätten. Sehr erfreut über diesen Zuwachs an Ichstärke fragte ich, wie er das fertig gebracht habe. Darauf berich-

166

tete er, er habe den Spieß umgedreht und würde seinerseits irgendwelche Schultaschen in den Hof werfen. Es sei doch ganz leicht auf diese Weise die Opferrolle jemand anderem anzuhängen. Die Angstabwehr durch Aggression ist zwar im Augenblick wirkungsvoll, jedoch keine Lösung. Das war eine sehr frustrierende Erkenntnis, die der Junge im Laufe der Therapie akzeptieren musste. Angstbeißer kennen wir aus dem Kontakt mit Hunden. Auch viele Täter sind Angstbeißer. Oft besteht eine unbewusste Angst vor der eigenen Unfähigkeit einer adäquaten Impulskontrolle. Über eine gezielte Aggression, die häufig als begründet rationalisiert wird, scheint Steuerung möglich zu sein. In der Schule werden Mobbing-Opfer häufig als „blöd" bezeichnet. Indem man nicht selten als Gruppe agiert, relativiert sich die eigene Täterschaft. Die anderen fühlen ähnlich, damit ist man richtig. Das Opfer ist falsch, oft auch noch isoliert. Da ist Aggressivität legitim.

In der Welt der Erwachsenen kann man das Phänomen beobachten, dass sich nicht selten Opfer in ihre Peiniger oder Entführer verlieben. Gibt es dadurch eine geheimnisvolle Entlastung von diffusen, nicht steuerbaren Ängsten und Aggressionen? Das Opfer ist durch seinen Status vor einer potentiellen Täterschaft geschützt, kann aber einen Spannungszustand zumindest vorübergehend über Identifikation kompensieren.

Damit verrät die grenzüberschreitende Verbindung von Opfer und Täter einen beidseitigen Mangel an primärer Zuwendung und Wertschätzung. Indem das Opfer sichtbar leidet, scheint ihm Mitleid und Aufmerksamkeit gewiss. Die Mittelpunktsstellung des Täters kann einem ähnlichen Zweck dienen. Den Kommentar eines Jugendlichen

erlebte ich sehr erschreckend. Er äußerte, dass aus seiner
Sicht jeder Täter mit seiner Tat das weit gespannte Interesse der Medien wecken würde. Um diesen Preis sei es
doch beinahe lohnend, etwas Übles zu tun!

Auch die Gaffer auf der Autobahn, die ihr Sensations-
bedürfnis befriedigen, scheinen ohne echte Anteilnahme
den Täter-Opfer-Status zu genießen. Für eine andere Form
der Täterschaft steht der Absturz einer Seilbahn am Lago
Maggiore. Dahinter steht keine bewusste Aggression, sondern ein verantwortungsloses Täterkollektiv, das in naiver
Vertrauensseligkeit davon ausgeht, dass nichts passieren
wird. Das Motiv ist Geld und Gewinn. Es gibt bei diesen
Handlungen keine moralischen Erwägungen, kein ethisches
Gesetz, kein Reflektieren über Recht und Unrecht. Materieller Gewinn scheint ausreichende Legitimation zu sein.

Hönir, der Schnelle und Schweigsame

Über diesen Gott wird in der Edda wenig berichtet. Aufgrund seines stillen Wesens wurde er offensichtlich unterschätzt, obwohl er an einem wichtigen Schöpfungsprozess
beteiligt war. Gemeinsam mit Odin und seinem Gefährten
Loni erschufen sie aus zwei Baumstämmen das erste Menschenpaar, Ask und Ebla.
Odin hauchte diesen Menschen Atem ein, erweckte sie damit zum Leben. Lodi schenkte ihnen die blühende Farbe
und Hönir gab ihnen eine Seele.
Damit gewinnt er eine Bedeutung, die in anderen Geschichten der Edda jedoch nur am Rande erwähnt wird.

Die Überlieferung bescheinigt ihm die Nähe zum Priestertum, auch wird er als Fruchtbarkeitsgott verehrt. Zusammen mit dem weisen Mimir erhalten die Wanen diesen Gott als Unterpfand der Asen, Symbol ihrer Bereitschaft zur Friedfertigkeit. Auch wenn Hönir zunächst als der Bedeutendere gilt, erscheint er zunehmend begrenzt und muss in allen schwierigen Situationen den weisen Mimir befragen. Im Vergleich mit Freyr und Freya ist der Austausch nicht gleichwertig. So wird Hönir unfreiwillig zum Träger betrügerischen Verhaltens, denn angesichts des Ungleichgewichtes und des damit verbundenen Versprechens, Frieden zu halten, fühlen sich die Wanen betrogen. Es gehört zu den Geheimnissen der Nordischen Mythologie, warum die Wanen zur Strafe Mimir das Haupt abschlagen.

Mag Hönir auch vordergründig weniger klug im rationalen Sinne sein, so vertritt er doch mit seiner Nähe zum Seelenhaften einen intuitiv erfassbaren Wert. Wie so häufig erscheinen introvertierte Menschen oft weniger intelligent. Wer mit seelischen Prozessen befasst ist, kann weder Salonlöwe noch eine „Rampensau" sein. Es sind die Stillen im Lande, die den anderen oft sogar gern den Vortritt lassen. „Ich arbeite gern im Hintergrund," sagte mir eine Frau, die sich durch eine reiche Traumtätigkeit auszeichnete. „Das Vermarkten meiner Ideen überlasse ich gern den anderen, die sich dann mit meinen Federn schmücken, aber das stört mich nicht sonderlich. Hauptsache, ich habe meine Ruhe!"

Im Licht der Ichfunktionen mag Hönir vor allem eine introvertierte Intuition leben. Der fühlende Kontakt mit seinen inneren Bildern ist ihm wichtiger als ein vordergründiger Glanz. Mimir überlässt er die geistvollen Einfälle und holt sich bei ihm Rat.

Exkurs: Vom Wesen der Seele

„Der Seele Grenzen kannst du nicht finden, auch wenn du gehst und jede Straße abwanderst, so tief ist ihr Sinn." Das Rätsel der Seele spricht Heraklit auf diese Weise rätselhaft an.

Aber was ist die Seele?

Sie ist vorhanden, aber doch mit allen Sinnen nicht wirklich greifbar. Wir sprechen von seelenvollen Menschen und doch ist es schwer zu beschreiben, was das Wesen der Seele ausmacht.

Seele ist immateriell und entzieht sich einer überzeugenden Begrifflichkeit. Sie ist auf eine Art anwesend, ohne dass ihr Wesen konkret wird. Sie lässt sich offenbar nur über das Erleben erfahren. Dass der Körper sehr wohl auf Belastungen und Schmerzen der Seele reagiert, zeigt die Zunahme psychosomatischer Erkrankungen. Die eigentliche Heilung erfolgt nicht über Medikamente. Das bleibt eine äußere Symptombehandlung. Nur wenn die Seele Raum hat, sich in ihren individuellen Wertigkeiten zu entfalten, im Gespräch mit anderen, im Austausch, in der Entdeckung ähnlicher Empfindungen, Denkstrukturen und intuitiver Wahrnehmungen, können sich seelische Berührungen vollziehen, die in Bereiche tiefsten Fühlens führen.

C. G. Jung sagt dazu, dass die Seele das Selbst sei, der innerste Kern des Menschen, sein Wert, seine Würde.

170

Damit betont Jung, dass die Seele unzerstörbar ist. Die Seelenkraft lebt allerdings davon, sorgsam behandelt und in ihrer Würde Wert geschätzt zu werden.

Zum einen geschieht dieser Prozess einer existentiellen Wahrnehmung der Seelenkräfte im inneren Ergriffensein durch die Natur, durch bildende Kunst, Musik und Poesie. Die Seele kommt zum Klingen. Es entstehen Glücksgefühle, die für einen Augenblick Schwierigkeiten, Kümmernisse und Belastungen vergessen lassen. Zum anderen kann auch die Begegnung mit einem Menschen dieses positive Gefühl wecken. Wir sprechen nicht umsonst von Seelenverwandtschaft oder einem Gleichklang der Seelen. Dieser Erfahrungsmöglichkeit liegt eine tiefe Sehnsucht des Menschen zu Grunde, nämlich, in seiner Seele gesehen und verstanden zu werden. Dieses seelenvolle Erleben stand bei den Romantikern im Mittelpunkt des Erlebens, zusammengefasst in einem Liebesbrief aus dieser Zeit: „Ein Blick aus treuer Augen Licht löscht hunderttausend Schmerzen."

Es gibt eine weitere Dimension, die noch stärker mit seelischer Aktivität in Verbindung steht. Es ist die Fähigkeit eines Menschen durch seine Haltung seelisch berühren zu können und damit einen Erkenntnisprozess anzustoßen, der im Anderen selbstheilende Kräfte der Seele aktiviert.

Wir wissen, dass ein Großteil körperlicher Erkrankungen mit einer verletzten Seele im Zusammenhang steht. Unsere Kinder, aber auch wir, brauchen viel mehr Ermutigung zur Selbstfürsorge im Sinne einer liebevollen Seelenpflege. Sind uns unsere Kinder, sind wir uns selbst diesen Aufwand wert?

Baldur, der makellose Gott

Er ist der Leuchtende, ohne Makel. Seine Schönheit kennt keinen Vergleich und sein Wesen ist freundlich und liebevoll. Er ist der Weiseste der Asen, versteht am schönsten zu reden und ist der Wohltätigste. Er wohnt in Walhalla Bredablik, was soviel bedeutet wie Weitglanz. An dieser Stätte darf nichts Unreines zu finden sein. Er gehört, wie auch Freyr, zum sonnigen, arglosen Heldentyp. In der nordischen Vorstellung schloss sein Wesen jedoch ein kriegerisches Tun nicht aus. Sein Ross war es, das für Dürstende eine Quelle mit Hilfe seines Hufes aus der Erde schlug. Baldur als Lichtgott vervollständigt zusammen mit Freyr und Heimdall ein göttliches Dreigestirn. Die dunkle Entsprechung finden wir in Lokis drei gefährlichen Kindern. Damit scheint symbolisch einerseits der Kampf zwischen den hellen und dunklen Wesenheiten angedeutet zu sein. Auf der anderen Seite begegnet uns erneut der notwendige Ausgleich oder die Tatsache, dass ein Prinzip ohne das Gegenteilige nicht existieren kann.

Baldur, dieser Lichtheld, der Asgard, das Reich der Asen, in doppelter Weise erleuchtet, wurde von schweren Träumen geplagt. War es einmal der Fenriswolf, der die Sonne hetzte, um sie zu verschlingen, der seine Bande zerriss, oder die Midgardschlange, die das Meer aufpeitschte, dass alles überschwemmt wurde oder dass sie mit ihrem giftigen Atem alles Leben vernichtete. Andere Träume verkündeten die Herrschaft der Frostriesen, die alles Leben zu Eis erstarren ließen. Besonders ängstigende Träume kreisten jedoch um den eigenen Tod, der nicht durch die feindlichen Riesen, sondern von den Asen selbst vollbracht wurde. Mit diesen Träumen beunruhigt er vor allem Odin, denn er wusste, dass der Tod seines Lieblingssohnes der Beginn des Untergangs war.

Wenn man die Träume auf der Objektebene versucht zu verstehen, geht es um die Möglichkeit vielschichtiger, an der Realität orientierten Bedrohungen. Die von C. G. Jung so benannte Subjektstufe erweitert die Deutungen um einen wichtigen Gesichtspunkt. Alle Situationen und Aktionen sind Teilaspekte des Träumers selbst. Aus dieser Perspektive betonen die Träume, dass die Aggressivität des Wolfes einer eigenen, vom Bewusstsein verleugneten Dunkelheit entspricht. Die giftige, das Meer aufwühlende Schlange könnte darauf hinweisen, dass Baldur die Gefahr seiner Unbewusstheit missachtet und in seiner bewussten Einstellung Konflikthaftes und Bedrohliches im Wahn der Unsterblichkeit verleugnet. Damit haben die Träume auch eine kompensatorische Funktion. In dreifacher Form enthalten sie den Impuls zu Veränderung und Neuwerdung.

Baldur, der Lichte, der keinem ein Leid antut, vertritt eine Gegenposition zu seinem Vater Odin. Ist jener ein Kampfgewohnter und gleichzeitig Wahrheitssuchender, einer der denkend und handelnd sein Leben gestaltet, erscheint Baldur wie ein verträumtes Kind. Es ist, als ob er seiner Umwelt zwar positive Lebensgefühle vermittelt, jedoch selbst seitens seiner Ichentwicklung noch eine Identität verkörpert, die Erich Neumann als „Sohngeliebter der Großen Mutter" beschreibt. Er wirkt trotz allen Lichtes merkwürdig farblos. Obwohl verheiratet und Vater eines Sohnes scheint er in einer gefühlsorientierten Gegenwart stecken geblieben zu sein. Er handelt nicht, sondern lässt handeln. Bei dem gefährlichen Spiel um seine Unverwundbarkeit lässt er die lärmende Spielfreude der Götter zu, ohne die potentielle Gefahr zu reflektieren. Er erlebt und erleidet seine bedrohlichen Träume, ohne selbst aktiv zu werden. Stellvertretend lässt Baldur die liebende Mutter handeln, denn sie hat scheinbar alle Gefahren berücksichtigt. Und doch ist sie es, die ihn unwissentlich an den als alte Frau verkleideten Loki verrät und so zur Todesmutter wird.

Baldur könnte man aus diesem Blickwinkel als überwiegend introvertierte Gottheit bezeichnen. Eine extravertierte Selbstdarstellung ist ihm fremd. Er steckt ganz im fühlenden Erleben und ist in einer nicht mehr altersgemäßen Kindlichkeit an der Gegenwart orientiert. Ein denkendes Durchdringen seiner hochemotionalen Träume fällt ihm ebenso schwer, wie ein Umsetzen dieser intuitiv in ihrer Bedeutung erahnten Botschaften des Unbewussten.

Exkurs: Mütter und Söhne und die triangulierende Drei

Bis heute wird immer wieder von Müttern der Ausdruck gebraucht, ihre Söhne „zum Fressen gern" zu haben; dies vor allem, wenn sie schlafen und träumenden Engeln gleichen. Dahinter steckt der machtvolle Archetyp der Großen Mutter, die auf der einen Seite Leben schenkt und mit ihrer Fürsorge Weiterleben ermöglicht. Der negative Pol dagegen umfasst die Gefährdung, die gerade in einer grenzenlosen Fürsorge liegt. Das Kind befindet sich vergleichbar dem Hänsel im Märchen im Käfig der Passivität. Es

174

werden Entwicklung fördernde Autonomieimpulse nicht unterstützt. Stattdessen verbleibt das geliebte Kind in der Abhängigkeit von der Mutter, selbst wenn die Zeit der sorgenden Verantwortung vorbei ist und der Gast im Hotel Mama längst seiner Wege gehen sollte.

In den Siebziger Jahren des letzten Jahrhunderts schrieb Wolfgang Wieck das Buch „Männer lassen lieben". Es rüttelte eine ganze Generation von liebenden Frauen wach, die über das Buch die gefährliche Macht einer überzogenen mütterlichen Fürsorge erkannten. Es gibt viele Baldurs, die Identität und autonomes Leben verspielen, weil Mütter „ihnen zu Liebe" alles tun.

Die Brüder Odin, Wili und We bewältigten das archaische Urchaos, das durch den Riesen Ymir repräsentiert wurde. Diese drei Brüder schufen aus dem Chaos einen ersten Kosmos. Die Drei scheint somit eng mit dem schöpferischen Prinzip verbunden zu sein.

Mit dieser Zahl erweitert sich die Zweierbeziehung zur Mehrdimensionalität. Es ist aus psychologischer Sicht der Schritt, sich aus einer Symbiose zwischen dem Säugling und seiner engsten Bezugsperson heraus zu entwickeln in die Triangulierung. Diese erlaubt ein sichereres Standvermögen und stellt die Basis für eine belastbare Ich-Identität dar.

Positive Aspekte der Drei den negativen gegenüber zu stellen, ist ein tief religiöses Anliegen. Die Trinität des Göttlichen in Vater, Sohn und heiligem Geist findet eine düstere Entsprechung im dämonischen Aspekt von Verwünschungen oder dem Bösen, Destruktiven, was uns beispielsweise in den drei Hexen bei Shakespeare begegnet. Hier herrscht die Lust an der Zerstörung, Vernichtung oder auch dem

Schmerz. („When shall we three meet again?"). Theodor Fontane zeigt in seinem Gedicht „die Brücke am Tay", dass diese Lust an der Zerstörung eine archetypische Dimension hat.

Die zusammengehörige Einheit von Isis, Osiris und Horus im ägyptischen Mythos findet im christlichen Mythos ihre Entsprechung in Maria, Josef und dem Christuskind. Eine geistig zu verstehende Ebene stellen die drei Heiligen Könige aus dem Morgenland ebenso dar, wie die Auferstehung Christi nach drei Tagen. Die dunkle Seite sind Verrat, Scham und Schuld, wie es uns in der dreimaligen Verleugnung des Petrus überliefert ist.

Die Drei ist jedoch, wie die Könige, die eigentlich drei Weise sind, andeuten, nicht nur ein äußeres Moment, sondern schließt die Ganzheit des Erlebens in sich. Es ist der Anfang, die Mitte und das Ende. Dieses Geheimnis vertraten bereits die Nornen in ihrer dunklen Behausung unter einer der drei Wurzeln der Weltesche Yggdrasil. Als helles Moment erlebten es die Ägypter, wenn sie von der aufgehenden Sonne in Gestalt des Chepre, von der Mittagssonne als Re und von der abendlichen Sonne als Atum sprachen. Auch in den Einweihungsriten spielt die Zahl eine Rolle. In den drei uns bekannten Mysterienstätten der Antike, Eleusis, Samothrake und Ephesus mussten zumeist über drei Aufgaben der eigene Wert, die persönliche Würde erkannt und erworben werden. Das gleiche Ritual fand in den ägyptischen Einweihungsmysterien statt. Der Initiand musste sich mit den Elementen Feuer, Erde und Wasser auseinander setzen. Das Ziel war, sich der Angst vor Ich- und Selbstverlust zu stellen und sich in seiner eigentlichen Wesenheit zu begreifen.

Auch der Volksglaube weiß in vereinfachter Form vom Geheimnis dieser Zahl. „Aller guten Dinge sind drei", wiederholt sich als Herausforderung zur Tat in vielen Märchen. In drei Nächten müssen über drei Proben Ängste, Abhängigkeiten und eine mangelhafte Selbstwahrnehmung bewältigt werden wie im Märchen „Von einem, der auszog das Fürchten zu lernen". Nicht selten wurden dazu Tiere benutzt, die in ihrem fühlenden Erkennen in dreifacher Verkörperung den Erlösungsprozess in Gang setzten. Die Zwerge im Märchen von den „drei Männlein im Walde" haben die Funktion, die enge Zweierbeziehung zum Mütterlichen mit Hilfe der eigenen Tatkraft zu überwinden. Und schließlich bedient sich auch die Literatur dieser magischen Bedeutung. So hört Goethes Faust, dass erst ein dreifacher Anruf wirkungsvoll ist, um des Pudels Kern zu entschlüsseln und Mephisto auftauchen zu lassen.

Njörd, der Reiche mit den schönen Füßen

Auch ihn entwertet Loki:
„Schweig doch Njörd, geschickt warst du ostwärts als Geisel fürs Götterreich; in den Mund machten dir die Mädchen Hymirs und machten zum Nachttopf dich.
Heute verhehl ichs nicht. Mit deiner Schwester zeugtest du diesen Sohn, wie es zu erwarten war."
Diese Verunglimpfung war umso provozierender, als Njörd als besonders zugewandter und schützender Gott beschrieben wird. Er schickte freundliche Winde, damit die Schiffahrt ohne Störungen möglich war. Er schenkte den Fi-

schern einen reichen Fang. Damit korrespondiert sein nahezu unermesslicher Reichtum. Vielleicht liegt hier der Grund für seine Beschimpfung. Geschwisterehen waren unter den Göttern keine Seltenheit und galten als legal. Er und seine beiden Kinder Freya und Freyr kamen als Unterpfand der Treue zu den Asen, um den Frieden zwischen dem Göttergeschlecht der Wanen und den kriegerischen Asen zu befestigen und jegliche Feindseligkeit zu begraben.

Um Njörd rankt sich ein archetypischer Mythos:
Der Riese Thyazi war im Zusammenhang mit dem Raub von Idun und ihren zauberkräftigen Äpfeln von den Asen erschlagen worden. Als eine Form der Wiedergutmachung boten sie der Tochter Skadi an, sich einen Gemahl aus den Reihen der Asen auszuwählen. Allerdings waren von jenen nur die Füße sichtbar. Skadi glaubte, mit der Wahl der schönsten Füße Baldur zu gewinnen. Nachdem alles an diesem Gott schön war, folgerte sie, dass die schönsten Füße die seinigen seien und sie auf diese Weise den schönsten Gott gewinnen würde.
Eine Entblößung der Füße bedeutete von jeher eine Geste der Demut und Unterwerfung. Das könnte im Zusammenhang mit den Göttern ein Eingeständnis der Schuld in sich schließen. Wir kennen diese Symbolik, wenn das Betreten einer Moschee nur über das Ablegen der Schuhe erlaubt ist. Der Macht entsagen entspricht der römischen Geste, wenn ein Sieger den Fuß auf die Schulter des Unterlegenen stellt. Die schönsten Füße zu besitzen, könnte damit auch als Ausdruck von Wert und Würde gedeutet werden. Was könnte damit über das Wesen des nordischen Gottes ausgesagt sein?

178

Als Gott des Meeres könnte man ihn als leichtfüßig bezeichnen. Das Wasser als Basis erleichtert Bewegung, ohne dass die Füße angestrengt werden. Im übertragenen Sinn könnte damit auch die Fähigkeit gemeint sein, einen flexiblen Standpunkt zu haben und in der Lage zu sein, sich einer rhythmischen Bewegung, wie die Meereswellen, anzupassen. Das Meer erlaubt einen weiten Blick, durch keine Erhebungen oder Hindernisse begrenzt. Skaldi allerdings liebt die schroffen Berge, die damit verbundene Herausforderung, schwierige Situation zu bewältigen und einen eigenen Weg zu finden. Meer und Berge vertreten polare Erscheinungsformen in der Natur, die unterschiedlicher nicht sein können.

So, wie sich Gegensätze zunächst anziehen, so unvereinbar sind sie, wenn Gemeinsamkeiten gesucht werden. Ein rationaler Kompromiss zwischen Gott und Riesin war, dass sich beide jeweils neun Tage im Reich des anderen aufhalten sollten. Aber vernünftige Vereinbarungen scheitern zumeist an den individuellen Emotionen. Die Unerträglichkeit dieser Übereinkunft führte zu einer entsagenden Erkenntnis, die zunächst Njörd thematisiert:

„Nicht liebt ich die Berge
nicht lange dort weilt ich,
neun Nächte nur.
Süßer scheint mir der Sang des Schwanes
als der wilden Wölfe Geheu!.
Skadi erwidert:
„Mir stört den Schlaf
am Strande des Meeres
der krächzenden Vögel Gekreisch:

am Morgen weckt mich die Möwe täglich
die wiederkehrt vom Wald.

Manche Gegensätze lassen sich nicht vereinigen. Wenn ein
Verzicht auf ein positives Lebensgefühl und resignativer
Rückzug angesichts einer notwendigen Anpassung die
Konsequenz ist, muss man den Mut haben, sich zu trennen, selbst wenn dieser Schritt schmerzlich ist und die Unmöglichkeit einer harmonischen Verbindung in sich
schließt.

Exkurs: Die Sehnsucht, zu überdauern

Fußspuren zu hinterlassen signalisiert den Anspruch auf
Dauer. Fußspuren im Sand sind auf der anderen Seite
aber auch der Vergänglichkeit unterworfen. Howard Car-
pendale sang in den 70er Jahren des letzten Jahrhunderts :
„Deine Spuren im Sand, die ich gestern noch fand, hat die
Flut mitgenommen, was gehört nun noch mir?" Er besang
damit die Vergänglichkeit der Liebe, die Flüchtigkeit des
Erlebens, die Endlichkeit des Seins.
Das Leben vollzieht sich in einer Unzahl flüchtiger Augenblicke. Das, was ein Leben einmalig macht, ist die Fähigkeit, diese Augenblicke über die Erinnerung zu einem
Ganzen zu verknüpfen. So bewahren wir uns unser Leben
in der symbolischen Bildersprache. Jede Erinnerung ist
subjektiv durch individuelle Emotionen geprägt. Wir können damit ein Gefühl der Kontinuität herstellen und im
Nachhinein in der Abfolge einen Sinn entdecken, der
einem im gegenwärtigen Augenblick in der Regel noch

180

verborgen ist. Erinnerung hilft ein Leben in seinen sinnvollen Abläufen zu verstehen und dabei die ganz persönliche Handschrift zu entdecken. Manche Details sind für den einen wichtig; er bewahrt sie sich, während andere genau das Gleiche für unwichtig empfinden und vergessen. Häufig erlebte ich zwischen Partnern Kämpfe um die richtige Erinnerung oder die Enttäuschungswut, wenn der andere das, was einem besonders wichtig war, vergessen hatte. Diese Erfahrung veranlasste mich in einem Vortrag von der „Gnade des Vergessen-Könnens" beim Mann und vom „pathologischen Gedächtnis der Frauen" zu sprechen. Eine Verallgemeinerung, die zwar etwas anmaßend ist, jedoch in der aktuellen Situation bei den Zuhörern heitere Bestätigung auslöste.

Bragi, der Alte Weise

In der Edda wird Bragi als kluger und mächtiger Gott geschildert. Als hervorstechende Eigenschaft wird seine ungeheure Beredsamkeit betont.

Dichterrunen seien in seine Zunge eingraviert, so dass seine Wortkunst noch die des Odin übertrifft. Es ist anzunehmen, dass Bragi ein sehr alter Gott ist und in seiner Identität dem Archetyp des „Alten Weisen" zuzuordnen ist.

Weisheit ist ein Rätsel, das immer wieder zur Begriffsklärung herausgefordert hat. Sie ist keine Wissenschaft, obwohl der weise Mensch viel erlebt hat. Sie macht menschliche Größe aus, ohne groß sein zu wollen. Weisheit ist individuell und gleichzeitig kollektiv. Sie trägt in sich die Verbindung von Klugheit und intuitiver Erkenntnis. Sie schließt ein Wissen um die Polarität der Dinge und die Gegensätzlichkeit menschlichen Seins in sich. Diese archetypische Gestalt, die Zeitlosigkeit symbolisiert, ist nicht umsonst mit Idun, der Göttin ewiger Jugend verbunden. Auch sie repräsentiert auf andere und doch gleiche Weise Zeitlosigkeit in selbstverständlicher individueller und kollektiver Gültigkeit. Jugend und Alter gehören zusammen. Jede alte Persönlichkeit war einmal jung und jeder junge Mensch wird einmal alt in ewigen, sich wiederholenden Rhythmen. Idun, als Besitzerin der goldenen Äpfel, die den Göttern ewige Jugend versprechen, symbolisiert diese Gesetzmäßigkeit: Wenn man, wie ein junger Mensch, neugierig und aufgeschlossen das Leben in die Hand nimmt, wenn man sich die geistige Frische bewahren und sich für die Inhalte des Lebens begeistern kann, wenn also das Leben noch von Geist und damit Sinn erfüllt ist, dann kann man äußerlich altern und doch weiter offen am Leben teil nehmen und sich dadurch immer wieder verjüngen.

Aus der Perspektive der Ichfunktionen ist es nicht leicht, ein archetypisches Phänomen, wie es Bragi verkörpert, in ein enges funktionales Netz einzubinden. Vielleicht wird man dieser Repräsentanz am ehesten gerecht, wenn man feststellt, dass dieser Gott offensichtlich, um ihn zu erfassen, zum Denken und zur Intuition herausfordert. Er selbst tritt jedoch weder als Denk- noch als Intuitionstyp in Erscheinung. Das könnte auch die Tatsache erklären, dass er lediglich als sehr weise und sprachgewaltig beschrieben wird, und trotzdem keine Mythen, in denen seine Person im Mittelpunkt steht, überliefert sind.

Exkurs: „Werdet wie die Kinder"

Kinder sind unbestechlich. Sie unterscheiden sehr schnell Lüge und Wahrhaftigkeit. Sie lernen am intensivsten über das Vorbild. Nur wenn wir bereit sind, offen mit ihnen umzugehen, ihnen respektvoll auf Augenhöhe zu begegnen, sind sie bereit, ähnlich Wert schätzend mit den älteren Generationen umzugehen. Eine Fünfzehnjährige fragte mich in einer Stunde, warum ältere Menschen die Jugendlichen generell so entwerten. „Wir hören immer wieder, wir hätten nur das Feiern im Kopf und rücksichtslos und unverschämt seien. Von wem wir das wohl übernommen haben?" Ein Dreizehnjähriger erklärte mir, er wolle sich auf jeden Fall impfen lassen. „Meine Oma ist zwar geimpft, aber sie hat so viel Angst vor Ansteckung. Sie ist beruhigt, wenn ich geimpft bin und sie traut sich wieder, mich zu umarmen!" Von Kindern lernen ist wichtiger, als sie nach unseren Vorstellungen zu erziehen. Ihnen Raum zu geben, ihre eigenen Erfahrungen zu machen und daraus zu lernen ist hilfreicher, als sie über die Maßen zu behüten. Frustrationen zuzumuten und damit die Belastbarkeit für die Risiken des Lebens zu entwickeln, ermöglicht ein adäquates Selbstwertgefühl und ein Vertrauen auf die eigenen Fähigkeiten, selbst in Konfliktsituationen bestehen zu können.

Alt werden und jung bleiben ist eine große Aufgabe. Oder, wie Walter Flex es sagt: „Rein bleiben und reif werden, das ist schönste und schwerste Lebenskunst." Die Reinheit ist die kindliche Weisheit, die uns täglich begegnet und die

wir immer neu erfahren dürfen, wenn wir uns darauf einlassen. Kinder wissen mehr als wir. Von ihnen zu lernen,
„rein“ zu bleiben, ohne Lüge zu leben – das erlaubt Reife
auf dem Weg zu sich selbst im Sinne von Pindar, wenn er
sagt: „Werde, der du bist.“

9.
Die Göttinnen in der Nordischen Mythologie

In der nordischen Mythologie scheint vordergründig das Weibliche unterrepräsentiert zu sein. Die männlichen Gottheiten bestimmen das Geschehen. Ihre Kampfbereitschaft, die Betonung ihrer Heldenhaftigkeit und Unerschrockenheit, ihre Fähigkeit zu Dichtkunst und klarem Denken, entspricht einem patriarchalen Muster. Wenn auch zahlenmäßig die männlichen Gottheiten überwiegen, ist doch bemerkenswert, mit welcher universalen Macht die Göttinnen ausgestattet sind. Es ist zu vermuten, dass die Natur in den nordischen Ländern so gewaltig ist, dass damit vor archetypischem Hintergrund das Weibliche eine so hohe Bedeutung hat, dass ihre Überlegenheit nicht noch durch eine Vielzahl von Göttinnen zusätzlich betont werden muss. Diese an der überwältigenden Natur orientierte Blickrichtung findet auch in der Literatur ihren Niederschlag: Henrik Ibsen und August Strindberg beschreiben in ihren Dramen die Macht des Weiblichen und eine Aufbruchstimmung, die zum Ziel hat, sich aus der männlichen Bevormundung zu befreien. Hedda Gabler und Nora, die Protagonistinnen in Ibsens Dramen, entlarven die Scheinstärke patriarchaler Strukturen. Strindberg in seinem erschütternden Werk „Der Vater" zeigt die subtile Überlegenheit weiblichen Denkens, wenn sie mit einem einzigen Satz, seine Selbstsicherheit in Frage stellt und ihn in den Tod treibt.

In unserer Zeit ist es vor allem der Hirnforscher Gerald Hüther, der auf die Überlegenheit weiblichen Denken angesichts seiner Mehrdimensionalität hinweist. Frauen, das

starke Geschlecht und ihre damit verbundene selbstverständliche Überlegenheit?

Freya, Göttin der Schönheit und der Liebe

Freya gilt als Göttin der Liebe. Im Gegensatz zur griechischen Aphrodite hat sie aber auch sehr dramatische Züge.
Ihre Sinnlichkeit beruht nicht nur auf äußeren Reizen, sondern ist leidenschaftlich und besitzergreifend. Dieser Unterschied zur griechischen Mythologie wird durch den Götter-
vater Zeus noch betont. Aphrodite glaubte, sich beim
Kampf um Troja beteiligen zu müssen, hatte sie doch mit
dem Versprechen, Paris die schönste Frau, Helena, zuzufüh-
ren den unglücklichen Krieg provoziert. Als Aphrodite verletzt wird, zeigt ihr Zeus ihre Grenzen auf: „Dir sind nicht
gegeben, mein Kind, die Werke des Krieges. Wende dich
lieber zu den lieblichen Werken der Hochzeit!" (Simon,
1998, S. 204)

Freya ist dagegen Anführerin der Walküren. Sie reitet mutig
in die Schlacht. Von den toten Helden wählt sie zur Hälfte
aus, welche den Vorzug haben, in Walhall einzuziehen. Die
andere Hälfte wird von Odin bestimmt.
Bereits hier zeigt sich eine ausgewogene Entscheidungsfreiheit zwischen männlichen und weiblichen Gottheiten. Freya
wird darüber hinaus als Sonnengöttin verehrt. Bis heute ge-
brauchen wir im Deutschen hinsichtlich der Sonne den
weiblichen Artikel, während in den romanischen Ländern
der männliche gilt. Freyas Eigenwilligkeit zeigt sich auch in
der Wertschätzung der Katzen als Symboltiere, die ihren

Wagen ziehen. Katzen galten bereits in Ägypten als heilige Tiere des Sonnengottes. Im mittleren Reich wurden diese Tiere in Gestalt der Katzengöttin Bastet verehrt.

In der Edda wird diese Göttin vor allem wegen ihrer Schönheit gepriesen. Die Mythen wiederum berichten von ihrer Eitelkeit und Gefallsucht. Bezeichnend ist die Geschichte ihres wundersamen Halsschmuckes, Brisingamen. Dieses kostbare Schmuckstück wurde in seiner einmaligen Schönheit untrennbar mit ihrer Person verknüpft. Darum war sie auch so untröstlich, als Loki ihn ihr mit einer List raubte. Heimdall, der ihr die Kostbarkeit wieder brachte, dürfte damit einen Teil der am Materiellen orientierten Identität gerettet haben. Ein weiteres Merkmal ihrer Persönlichkeit ist ihr Falkenkleid, das ihr erlaubt, sich in die Lüfte zu erheben. Der Akzent ihrer Identität liegt jetzt auf der geistigen Ebene. Der Falke galt bereits in Ägypten als königliches Tier. Mit weit ausgebreiteten Schwingen durchmisst er scheinbar schwerelos die Weiten des Himmels. Das Aufsteigen des Falken wurde mit der Himmelfahrt des Pharaos verglichen. Auch der ägyptische Totengott Sokar zeigte sich im Falkengewand. So symbolisiert der Falke das lebendige Leben als Inkarnation des Sonnengottes, was seine übergroßen, kreisrunden Augen, die mit der Sonne gleich gesetzt wurden, noch unterstreicht. Bemerkenswert ist seine Sehfähigkeit, die das menschliche Auge bei Weitem übertrifft. Im Zusammenhang mit seiner blitzartigen Schnelligkeit vertritt der Falke sowohl den Leben erhaltenden als auch den für seine Opfer tödlichen Aspekt.

Seine Fähigkeit sowohl sehr hoch als auch sehr weit zu fliegen und zusätzlich ultraviolette Strahlen zu sehen, machte ihn in unterschiedlichen Überlieferungen zu einem Botschafter zwischen den irdischen und den immateriellen Welten und damit zu einem Synonym für die Auferstehung. Darum empfanden die Ägypter die Seele als falkenköpfig. Für sie war der Tod der Beginn eines neuen Lebens in einer anderen Dimension. Als Symbol für diese neue Akzentsetzung wurde der Falke ein Synonym für Horus, das göttliche Kind von Isis und Osiris. Isis in ihrer Hingabe und lebendigen Zugewandtheit verlieh dem zerstückelten Osiris wieder eine göttliche Identität als Totengott. Er verheißt den Verstorbenen in der Vereinigung mit ihm neues Leben.

Das Geheimnis einer Verbundenheit von Leben und Tod macht den Falken letztlich zu einem heiligen Tier, was Freya, der Sonnengöttin des Nordens, in der Götterreihe einen besonderen Platz zuweist. Freya, als Sonnengöttin, vertritt den Aspekt der Schönheit, vergleichbar einer Aphrodite oder Venus. Darüber hinaus ist sie jedoch eine kämpferische Kriegsgöttin. Sie spielt in der Göttergemeinschaft der Asen eine wichtige Rolle, indem sie aktiv handelt und nicht nur passiv ihre Wirkung entfaltet. Wenn man das geheimnisvolle Schmuckstück Brisingamen, das zu ihrem Erkennungszeichen wird, symbolisch versucht zu interpretieren, scheint es bedeutsam, dass es sich dabei um einen Brustschmuck handelt. Es ist kein Ring, der ihre Würde repräsentiert, auch kein Armband, sondern aufgrund seiner zentralen Position als ein Ganzheitssymbol zu verstehen. Der Schmuck wird zu einem Teil von Freya, ihrer Fähigkeit, aus der eigenen Mitte heraus zu handeln und Wert und Würde gleichermaßen zum Zentrum ihrer Person zu machen. Das lässt sich wiederum mit dem Symbol der Sonne vergleichen, die in allen Kulturen als Leben spendendes Gestirn verstanden wurde. Die Sonne, als zentrale Gottheit, wurde bereits von Echnaton (Amenophis IV) in Abgrenzung von den vielen Göttern Ägyptens verehrt. Ihre spendende Kraft mit einem harmonischen, glücklichen Familienleben in enge Verbindung zu bringen, lässt sich an den zahlreichen Reliefs des Pharaonenpaares Echnaton, Nofretete und ihrer sieben Töchter ablesen. In der Wertschätzung der Sonne als göttlichem Garant für Leben wurde der Pharao selbst zum Gott. Diese enge Verbindung zwischen Mensch und Gott, die sich durch die Sonne symbolisiert, beschreibt auch Goethe, wenn er sagt:

Wär nicht das Auge sonnenhaft,
die Sonne könnt es nie erblicken.
Läg nicht in uns des Gottes eigne Kraft,
wie könnt uns Göttliches entzücken?

Bezeichnend für die hohe symbolische Bedeutung ist der Mythos, der sich um die Entstehung von Brisingamen, dem kostbaren Halsschmuck, rankt.

Einst nahm die Göttin wahr, dass die Zwerge in ihren unterschiedlichen Höhlen unter der Erde an einem wunderbaren Geschmeide arbeiteten. Freya bot den Zwergen alle Kostbarkeiten, Gold und Edelsteine, wenn sie ihr den unvergleichlichen Brustschmuck überlassen würden. Jene verfügten jedoch über alle denkbaren Schätze, so dass sie das Angebot hochmütig ablehnten. Sie hatten nur eine Forderung, die Freya wiederum ablehnte: Jeder der vier Zwerge wollte eine Nacht mit ihr verbringen. Das Verlangen nach dem wunderbaren Schmuckstück war jedoch so groß, dass sich Freya schließlich auf die Forderung der Zwerge einließ. Loki, in seiner Hasstirade auf die Götter, erwähnte auch diese Tat, um die Göttin bloßzustellen und zu beschämen.

Wenn Freya als Sonnengöttin und Vertreterin von Licht, Wärme und Strahlkraft ist, ist der Erwerb des kostbaren Schmuckes nicht nur einer vordergründigen Gefallsucht zuzuschreiben, sondern vermittelt über das Symbolverständnis, dass dieses Geschmeide aus kollektiver Perspektive den Erhalt des Lebens garantieren könnte. Die Aussage, sich von diesem Brustschmuck nie trennen zu wollen, mag vor diesem Hintergrund bedeuten, dass Sonne und Lebenskraft untrennbar zusammen gehören. Die Göttin übernimmt die Verantwortung für das Leben, selbst wenn sie über das Zugeständnis, mit den Zwergen je eine Nacht zu verbringen, in den Augen des höchsten Gottes Odin auf einen individuellen Wert verzichtet. Aber ist nicht gerade dieses Tun der Garant für Leben? Die Zwerge in ihren dunklen und kreativen Seiten symbolisieren den Doppelaspekt des Lebens schlechthin. Ihr Reich ist das Unbewusste, das Reich der Mütter, die das Leben schenken, aber gleichzeitig auch das Leben in Frage stellen, vernichten können.

Wenden wir den Blick jetzt wieder auf die individuelle Psyche der Göttin, steht im Vordergrund ein dominantes Fühlen, das zunächst auf Außenobjekte gerichtet, also extravertiert ist. Dieses fühlende Moment bestimmt auch ihr Handeln, das ebenfalls die Welt der Objekte im Blick hat. Von daher scheinen beide Funktionen überwiegend extravertiert zu sein, was sich in ihrer Bereitschaft, spontan zu handeln, niederschlägt. Es ist naheliegend, dass diese Haltungen ein großes Faszinosum ausstrahlen, was zum Beispiel die blinde Verliebtheit des Riesen Trym verständlich macht. Er nimmt den Schmuck als Ausdruck einer Wirklichkeit des Gegenübers. Dabei verkennt er die Täuschung, die angesichts seines undifferenzierten Fühlens zur Projektion seiner Anima herausfordert. Nur so lässt sich erklären, dass er für die Realität eines verkleideten Thors keinen Blick hat.

Und Freya selbst?
Loki sieht die negativen Seiten ihrer gefühlsbetonten Persönlichkeit. Er brüstet sich: „Schweig doch Freya. Zu viel weiß ich, kein Fehl ist dir fremd. Mit den Asen und Alben hast du allen gebuhlt, die im Saal hier sind. Eine Frevlerin bist du und mit Argem angefüllt: da beim Bruder dich ertappten die trauten Gebieter, da entwich dir wohl ein Wind."

Im Mittelpunkt von Freyas Sein steht das Fühlen. Es lebt von der bewundernden Resonanz des Umfeldes, ist demnach extravertiert. Vergleichbar der Sonne, die einfach ist und aus sich heraus strahlt, ist ihr das Denken und Reflektieren fern. Sie ist damit der faszinierende Gegenpol zu ihrem Gemahl Odin. Gegensätze ziehen zunächst immer an, weil dadurch die Illusion eines nahtlos zusammengefügten Ganzen genährt wird. Nicht selten entgleist die Andersartigkeit in die Verständnislosigkeit und Entfremdung, so dass viele Partnerschaften, die im Himmel der Faszination geschlossen wurden, im Alltag keinen Bestand haben.

Am ehesten steht Freya noch das tatkräftige Handeln zur
Verfügung. Sie ist bereit, wenn es nicht anders geht, den
Preis für ihr Geschmeide zu bezahlen. Es liegt ihr nicht,
intuitiv den tieferen Sinn zu erfassen. In einer Parallele
zum antiken Herrscherpaar Zeus und Hera werden zwar
Liebschaften Odins angedeutet. Es fehlt jedoch bei Freya
die glühende Eifersucht der griechischen Göttin und ihre
Rachefeldzüge gegen die Geliebten ihres Mannes.

Exkurs: C. G. Jung und das Selbst

„Erkenne dich selbst" war das Leitmotiv der antiken Philo-
sophie, und die Überschrift des Tempels von Delphi. Jung
hat diesen Anruf zur Selbstsuche in den Mittelpunkt jeglichen therapeutischen Tuns gestellt. Wenn er das handelnde Ich im Vordergrund des Ichbewusstseins sieht, so ist das
Selbst der Kern der Persönlichkeit in seinen bewussten
und unbewussten Persönlichkeitsanteilen. Die Entwicklung zu einer Ganzheit verlangt einen Weg vom Ich zum
Selbst, aber der umgekehrte Weg vom Selbst zum Ich ist
gleichermaßen notwendig. Das Ziel einer Persönlichkeitsentwicklung ist, nicht in der Faszination durch das Selbst zu
verharren, sondern die Erkenntnisse, die zum Beispiel über
Träume und Reflexion gewonnen werden, in das am Ich
orientierte tatkräftige Handeln einzubinden. Damit zeigt
sich eine weitere Dimension der Selbstsuche. Der individuelle Entwicklungsprozess kann nicht ohne den Bezug zur
Gemeinschaft gedacht werden. Selbstverwirklichung ohne
diesen Aspekt wird zur egozentrischen Nabelschau. Selbsterkenntnis führt zur Wahrnehmung einer Gemeinsamkeit.

Es ist nach Fichte (Fichte, 2012, S. 174) eine Einheit des Geistes, die eine enge Verbindung mit allen Menschen herstellt: „Durch dieses Geheimnis findet der einzelne sich selbst und versteht und liebt sich nur in einem anderen… und es gibt keinen Menschen, sondern nur eine Menschheit, kein einzelnes Denken und Lieben und Hassen, sondern nur ein Denken und Lieben und Hassen in- und durcheinander." Diese Aussage berührt Jungs Überzeugung von der Existenz eines kollektiven Unbewussten. Wir sind ein Organ im großen Organismus. Wir sind der „eine und die vielen", wie es die ägyptische Religion thematisiert. Es ist eine Erkenntnis, die auch im Zentrum der altindischen Religion steht. Die doppelte Perspektive anzuerkennen und Wert zu schätzen, ist nach Jung das Ziel jeglicher Selbsterkenntnis. Im Begriff der Individuation fasst er diesen Entwicklungsprozess im Sinne einer Lebenskunst zusammen: In der Welt sein und bei sich bleiben, sich selbst erkennen und mit dem Kollektiv verbunden zu bleiben; in sichernder Gemeinsamkeit zu sich selbst zu finden.

Idun, die ewige Jugend verheißende Göttin

Idun ist eine weitere Lichtgestalt am nordischen Götterhimmel. In ihrer Person vertritt sie bereits Helligkeit und damit Hoffnung. Das frühe Morgenrot ist Symbol ihrer Wirkkraft. Viele Mythen, die sich um ihre Person ranken, scheinen verloren gegangen zu sein. Ihre wundertätigen Äpfel, die bei den Göttern das Nachlassen der Kräfte, das Ergrauen und Altern verhindern, vermitteln eine Ahnung ihrer hohen Bedeutung. Kann sie den Tod der Götter nicht verhindern, so ermöglicht sie doch mit der Gabe der Äpfel die Empfindung ewiger Jugend.

In vielen Kulturkreisen spielt der Apfel als Heilmittel, als Liebespfand, aber auch als Repräsentant der Verführung eine bedeutsame Rolle. Ein klassisches Beispiel aus der Antike wird von Eris berichtet, der Göttin der Zwietracht. Sie warf einen goldenen Apfel in die feiernde Runde der Göttinnen und Götter, zu denen sie nicht eingeladen war mit der Aufschrift, „Der Schönsten in der Runde." Die größten Göttinnen Hera, Athene und Aphrodite begannen, um den Titel zu rivalisieren. Schließlich einigten sie sich darauf, dass Paris, der junge Sohn des Königs von Troja, die Entscheidung fällen sollte. Hera versprach ihm Macht und die Herrschaft über die Welt, wenn er ihr den Apfel zuerkennen würde. Athene wählte Weisheit als Belohnung, während Aphrodite ihm den Besitz der schönsten Frau zusicherte. Als beziehungsstiftende Frucht sprach Paris ihr den Apfel zu.

Diese Entscheidung erwies sich als verhängnisvoll, denn sie wurde zur Ursache des zehnjährigen Krieges vor Troja. Vor diesem Hintergrund wird nachvollziehbar, dass der Apfel auch eine negative Kehrseite hat, die sich mit Hilfe der Etymologie entschlüsselt: Apfel heißt auf lateinisch Malus, das Übel. Verführung unter dem Aspekt der Harmlosigkeit führt zum totenähnlichen Schlaf, wie es das Märchen von Schneewittchen lehrt. Damit diese negative Seite wirksam ist, braucht es auf der anderen Seite eine gewisse Naivität. Die Gefahr wird verkannt, verharmlost und damit nicht ernst genommen. Im Märchen von Schneewittchen unterstreicht die Haltung der

Zwerge ein unbewusstes Wissen. Sie warnen das Mädchen, doch mit Hilfe eines „klugen" Denkens glaubt Schneewittchen nicht an Lug und Trug. Die Erkenntnis wächst erst mit der Anerkennung auch der eigenen dunklen Seite, der Aggressivität, die um die Polarität und Doppelbödigkeit des Menschen weiß und dieses Wissen ernst nimmt.

Im christlichen Mythos von Adam und Eva wird die Frau schuldig, weil sie den Mann zur Erkenntnis, zur Wahrnehmung seiner Männlichkeit und damit auch seiner Sexualität veranlasst. Damit inszenierte sie die „Urschuld", die jedoch letztlich nötig ist, damit Weiterentwicklung zum Erwachsenen, zu Eigenständigkeit und der Bereitschaft, Verantwortung für sich selbst zu übernehmen, wirksam werden kann.

Der griechische Halbgott Herakles hatte die Aufgabe, seinem Vetter Euristeus die goldenen Äpfel der Hesperien, die in einem Garten am Ende der Welt an einem Baum hingen, zu bringen. Nur mit einer List gelang es Herakles, sie zu gewinnen: Atlas, der das Himmelsgewölbe auf seinen Schultern trug, war als Einziger in der Lage, die Äpfel zu pflücken. Herakles erbot sich, das Himmelsgewölbe so lange zu tragen. Atlas glaubte, der leidigen Pflicht enthoben zu sein. Herakles versicherte ihm, als jener ihm die Äpfel brachte, die Last gern wieder auf sich zu nehmen, er wolle sich nur ein Kissen besorgen, um besser gepolstert zu sein. Für diesen Augenblick sollte Atlas erneut das Himmelsgewölbe tragen. Natürlich erfüllte Herakles sein Versprechen nicht.

Noch einen wichtigen Bezug zur vielschichtigen Bedeutung des Apfels benennt die Antike: Die Tochter Demeters, Kore, wurde vom Unterweltgott Hades entführt. Als Persephone wurde sie zur Herrscherin der Unterwelt. Die todtraurige Demeter erreichte schließlich nach langem Klagen, dass ihre Tochter wieder in die Oberwelt zurückkehren dürfe, wenn sie in der Unterwelt nichts gegessen habe. Nur einen einzigen Granatapfel-Kern hatte die schöne Persephone zu sich genommen, so dass sie nun nur die Hälfte des Jahres in der Oberwelt verbringen durfte, während die anderen Monate ihre Präsenz als Königin des Dunkels erforderte.

Ein anderer Mythos der Antike weist ebenfalls auf die magische Kraft der Äpfel hin. Atalanta forderte von jedem Freier, er möge einen Wettlauf mit ihr machen. Da sie sehr schnell war, verloren alle den Wettlauf und hatten ihr Leben verwirkt. Hippomedes, ein Verehrer, griff zu einer List. Er ließ nacheinander drei goldene Äpfel fallen. Atalanta fühlte sich veranlasst, sie aufzuheben, so dass der Freier den Wettlauf für sich gewann. Dieser Mythos leitet zur Musik über: die ständige Wiederholung des Verzögerns und Aufhebens der Äpfel wurde das zentrale Motiv einer Fuge, von Johann Sebastian Bach in der „Kunst der Fuge" vielfach variiert.

Ein weiterer Mythos umkreist Idun persönlich. Einst waren Odin, Hödir und Loki unterwegs und wollten, als sie müde und hungrig waren, einen Ochsen garen. Das Fleisch wurde jedoch nicht weich, weil der Riese Thyassi in Gestalt eines Adlers einen Zauber anwandte und damit erreichte, sich die besten Stücke des Ochsen anzueignen.

Loki versuchte, ihm die Beute mit Hilfe eines Stockes abzujagen, jedoch klebte er damit an dem riesigen Adler fest und wurde über die Erde geschleift. Es gelang ihm schließlich, sich frei zu kaufen, indem er dem Riesen Idun, die Göttin ewiger Jugend versprach. Um das Versprechen einzulösen, musste sich Loki auf seine Trixter-Identität besinnen. Idun spiegelte er vor, er habe Äpfel im Wald entdeckt, die noch weit kostbarer seien als die ihrigen. Um die Geschichte glaubhaft zu machen, schlug Loki vor, die Äpfel zu vergleichen und sich vom höheren Wert der anderen überzeugen zu lassen. An der versprochenen Stelle im Wald stand jedoch kein Apfelbaum, sondern Thyassi - in Gestalt eines Riesenadlers - stürzte sich auf die Göttin und flog mit ihr davon.

Die Götter nahmen allmählich wahr, dass Idun mit ihrer täglichen Apfelgabe fehlte und sie ihrerseits sichtbar alterten. Schließlich musste Loki zugeben, dass er die Schuld trug. Um dies wieder gut zu machen, lieh er sich das Falkenkleid von Frigg aus und flog zum Gehöft des Riesen Thyassi. Zum Glück war der Riese zum Fischen aufs Meer gefahren, so dass Loki die trauernde Idun mitsamt ihren Äpfeln in eine Nuss verwandelte und floh. Der Riese hatte den Raub allerdings bemerkt und verfolgte den Falken in Gestalt des Adlers. Mit letzter Kraft erreichte Loki Asgard. Die Götter entzündeten ein Feuer, in das der Adler ungebremst hineinflog und anschließend von den Asen erschlagen wurde.

Zwar hatten die Asen wieder ihre Jugend spendenden Äpfel und ihre, dieses Bedürfnis befriedigende, Göttin, aber der Preis war hoch: Ein heiliges Gebot wurde gebrochen. In Asgard durfte kein Betrug, keine Gewalt und kein Mord begangen werden. Einmal mehr hatten die Götter ein Sakrileg begangen. Ihre lichte Göttlichkeit provozierte über Gier und Allmachtsanspruch erneut einen tiefen Schatten.

Auch Idun entgeht den Beleidigungen Lokis nicht. So äußert er ihr gegenüber: „Schweig doch, Idun! Scheinst du doch der Frauen mannstollste mir, seit des Bruders Töter du mit beiden Armen, den schneeweißen, umschlangst."

Exkurs: Unersättlichkeit, Jugendwahn und Jugendfrische

In unserer Zeit stehen äußere Werte im Mittelpunkt der Aufmerksamkeit. Es geht erneut um die vertraute Erkenntnis, dass Besitz nur bedingt glücklich oder zumindest zufrieden macht. Besitz beruhigt nicht, sondern verleitet zu einem Mehr in der Vorstellung, sich dadurch sicher zu fühlen. Wilhelm Busch hat das treffend ausgedrückt, wenn er sagt, dass ein jeder Wunsch, wenn er erfüllt wird augenblicklich Junge bekommt. Damit deutet sich ein archetypisches Thema an. Im Märchen vom „Fischer und seiner Frau" wird sichtbar, wie schnell Besitz einen Suchtcharakter in sich schließt. Dieses Märchenmotiv gibt es in verschiedenen Versionen, ob es das Bechstein-Märchen „Mann und Frau im Essigkrug", oder das russische vom „goldenen Fischlein" ist. Das Thema ist immer die gleiche Unersättlichkeit. Bedrückend ist, dass diese Märchen als Folge der Gier ähnlich enden: die ärmliche Anfangssituation stellt sich wieder ein. Das maßlose Streben nach Besitz mündet in einem Teufelskreis, in dem sich jedes Suchtverhalten unaufhörlich dreht.

Neben diesem äußerlichen Kleben am Besitz, das auch in den Märchen von der „goldenen Gans" oder „Schwan kleb an" im Mittelpunkt des Geschehens steht, ist das suchtähnliche Haften am Jugendlichenstatus ein zentrales Thema unserer Zeit.

Eine Klientin hatte sich perfekt liften lassen. Sie wirkte völlig natürlich, als ob sie nicht 70, sondern höchstens 50 Jahre zählte. Einmal vertraute sie mir an, dass es ihr peinlich sei, mit ihrer Schwiegertochter unterwegs zu sein, weil alle sie für die Jüngere hielten. Die Parabel von der Altweibermühle beleuchtet die Absurdität des Jugendwahns nochmals aus einem anderen Blickwinkel: Eine alte Frau machte sich auf, um sich durch die Mühle drehen zu lassen, denn es wurde behauptet, man würde nach dieser Prozedur wieder jung sein. Am Abend kam sie ebenso alt, mühsam auf ihren Stock gestützt, zurück. Auf die besorgte Frage, ob das Versprechen ein Schwindel sei, antwortete sie, dass das alles schon seine Richtigkeit habe. Allerdings sei mit der Verjüngung die Forderung, verbunden gewesen, dass sie alle Dummheiten, die sie als junger Mensch gemacht habe, wiederholen müsse. Das sei für sie so erschreckend gewesen, dass sie lieber auf den Jungbrunnen verzichtet habe (Leander 1899, S. 91).

Zur Jugend gehört nicht nur die Makellosigkeit und Faltenlosigkeit, sondern auch der Verzicht auf den Wert von Erfahrung und Gelassenheit, im besten Fall auch einer relativen Angstfreiheit. Nur im bewussten Älterwerden vollziehen sich prägende Erfahrungen und Erkenntnisse. Indem das Leben als ein ständiger Wandlungsprozess verstanden wird, ist das Altern nicht ausschließlich trostloses Schicksal, sondern verspricht Reife und die Fähigkeit loszulassen.

Wollen wir, indem wir uns künstlich jünger machen, den Kleidungsstil und die Sprache der Jugendlichen kopieren, in einer Lebenslüge leben? Ist die Wahrheit so verwerflich, das Altern nahezu peinlich? Trauen wir einer Altersweisheit, die auch Verzicht in sich schließt, so wenig zu, dass auch wir Alten auf der Konsumwelle reiten und den nachfolgenden Generationen kein nachahmenswertes Vorbild sind?

Jung bleiben als Selbstzweck hat für diese Menschen offensichtlich eine fragwürdige Erfahrungsdimension. Das Altern sollte als Aufbruch zu neuen Perspektiven verstanden werden. Über die Akzeptanz dieses natürlichen Prozesses relativieren sich die Ängste vor dem Verfall.

Ein Italiener sagte mir im Gespräch: „Warum glauben die Frauen nicht an diese Botschaft der Natur: Eine Rose ist als Knospe, im Aufblühen, in voller Pracht und im Verblühen immer schön!" Dann fügte er mit einem Lächeln, das wohl Antwort auf meinen zweifelnden Gesichtsausdruck war, hinzu: „Wir Italiener lieben alle weiblichen Wesen zwischen acht und achtzig, darum pfeifen wir ihnen nach!"

Für die eigene Entwicklung ist Kontakt und Austausch mit der Jugend auf Augenhöhe die einzige Möglichkeit, Beziehung und Kommunikation zu einem wechselseitig befruchtenden Lernprozess zu machen und sich damit eine seelische Jugendfrische zu bewahren.

Frigg, die treu sorgende Mutter

Frigg wird in der Überlieferung häufig mit Freya gleichgesetzt. Sie ist eine strahlende, der Sonne verwandte Göttin.

Zusätzlich zu ihrer beeindruckenden Schönheit steht sie vor allem für uneingeschränkte Mütterlichkeit, Fürsorge, Verantwortung und Hingabe.

Frigg verkörpert, indem sie dem Mutterarchetyp nahe steht, sowohl den hellen, sorgenden, aber auch den dunklen, Leben gefährdenden oder gar vernichtenden Aspekt. In der Überlieferung wird diese Göttin nur in Teilen mit Freya gleich gesetzt. Die strahlende Sonne gilt auch für sie als Symbol für ein Leben spendendes, leuchtendes Sein. Darüber hinaus steht bei ihr der Bereich des Mütterlichen im Vordergrund. Ihr Anliegen ist es, dass es ihren Kindern gut gehen möge und sie von den Fährnissen des Geschicks bewahrt werden.
Hierbei gleicht sie vielen Müttern, denen das Wohlergehen ihrer Kinder zentrales Anliegen ist. Dabei vergessen sie jedoch häufig, dass sich Frustrationstoleranz, kritisches Prüfen einer Situation und die Bereitschaft, Grenzen zu ziehen, aber auch zu akzeptieren in der Bewältigung der Aufgaben, die das Leben stellt, von existentieller Bedeutung sind. Kinder können nicht ewig im Paradies bleiben. Erwachsen zu werden und sich der Selbstverantwortung zu stellen, heißt, auch den Schmerz der Vertreibung aus dem Paradies anzuerkennen. Die Vermeidung verführt zu einer Scheinsicherheit. Aber es ist eine Einstellung, die zwar jedes Risiko ausschließt, aber auch keine Chance bietet, sich aus dem mütterlichen Bannkreis zu befreien. „Ich will ja nur dein Bestes“, äußerte eine Mutter im Gespräch mit ihrer 13-Jährigen. Diese konterte empört: „Mein Bestes, sag lieber dein Bestes.“

Dient die überzogene Fürsorge nicht in der Tat mehr dem eigenen Wohlbefinden als den Notwendigkeiten einer pubertierenden Tochter? Dienen die sorgenden Ermahnungen und Handlungen nicht wirklich mehr dem eigenen Gutsein als dass sie für die Heranwachsenden gut sind? Angesichts einer solchen maßlosen Fürsorge wird die gute Mutter schnell zur bedrohenden Mutter, die Eigenständigkeit und autonome Handlungsweisen in Frage stellt. Übertriebene Fürsorge lässt nicht selten die Realität außer Acht. Das Buch „Wenn Frauen zu sehr lieben" (Norwood, R., 1985) zeigt dies sehr eindrücklich. In jedem Leben gibt es viel Schmerz.

Der beklemmende Mythos um Baldur, den Sohn der Göttin Frigg, zeigt bildhaft die Gefahr, wenn das vermieden werden soll, was geschehen kann, wenn man die Mutter handeln lässt und sich in Passivität auf diese Fürsorge verlässt.

Angesichts der beunruhigenden Träume seines Lieblingssohnes Baldur macht sich Odin in größter Sorge auf seinem achtbeinigen Pferd Sleipnir in die Unterwelt auf, um Gewissheit zu erlangen.

Warum hat das achtbeinige Pferd Odins eine besondere Bedeutung? Wenden wir uns der Zahlsymbolik zu, dann steht diese Zahl für Glücksmomente. Mircea Eliade merkt dazu an: Das Pferd ist das Schamanenpferd schlechthin: man findet es in Sibirien und auch sonst, und zwar immer in Beziehung zum ekstatischen Erlebnis (Endres / Schimmel, 1984, S. 178). In der nordischen Mythologie wird die Zahl Acht häufig mit Zauber und Magie verbunden.

Nur mit Hilfe dieser Zauberkräfte gelangte Odin in das Reich der schwarz-weißen Hel, Lokis furchtbarer Tochter und suchte dort das Grab der Seherin Wala auf. Mit Zauberrunen beschwor er die Tote, so dass sie widerwillig auftaucht. Odin stellt ihr drei Fragen, um das Schicksal Baldurs zu erforschen. Unter der Maßgabe er möge ihre Antworten für sich behalten, äußert sie, dass Baldurs Tod besiegelt sei und die Festhalle, um ihn im Reich der Unterweltsgöttin zu empfangen, schon erhellt ist. Der Mörder Baldurs sei sein eigener blinder Bruder Hödur. Rächen schließlich würde ihn ein Sohn Odins, der jedoch erst noch mit der weit entfernt wohnenden schönen Rindur gezeugt werden müsse.

Ein dreimaliges Anrufen des Schicksals, das die Seherin vertrat, unterstützt erneut das Wissen um das Geheimnis dieser Zahl. Es geht um ein spirituelles Moment, das über das materielle Erforschen der Zukunft hinaus geht. In den Fragen liegt ein tieferer Sinn. Es ist der tragische Aspekt des Todes, dem alle Lebewesen unterworfen sind. Versteht man Tod als Wandlungsmotiv, ist verständlich, warum das Dunkel der Unterwelt sich für Baldurs Kommen erhellt und er als Lichtbringer erwartet wird. Und noch ein Drittes verdeutlicht die Tragik des Todes von Baldur. Die Götter missachteten das Wesen Lokis, das als der Schatten der eigenen vollkommenen Göttlichkeit wahrgenommen und integriert werden wollte. Stattdessen wurde diese Seite abgespalten und in der Projektion auf Loki bekämpft beziehungsweise verleugnet. Darum musste die eigene verdrängte Dunkelseite, der Schatten, wie sie C. G. Jung bezeichnet, eruptiv hervorbrechen und die Aggression, das Licht der Makellosigkeit auszulöschen, aus ihren eigenen Reihen kommen.

Bedrückt kehrte Odin nach Asgard zurück. Er wusste nun, dass der Untergang unaufhaltsam war. Ein trostloses Geschick schien sich zu erfüllen. Aber was flüsterte er dem toten Sohn ins Ohr? Es wurde nie offenbar. War es die Weisheit, dass das Leben immer stärker ist als der Tod, dass es immer die Auferstehung gibt? Ist dies eine innere Gewissheit, die auch das Christentum als archetypische Sicherheit übernommen hat?

Als Frigg von den bedrohlichen Träumen Baldurs erfuhr, wurde sie von großen Ängsten überfallen. Es schien ihr undenkbar, diesen, ihren liebsten Sohn, zu verlieren. Daraufhin entschloss sie sich alles, was auf der Welt zu finden war, in unverbrüchlichen Schwüren zu binden, so dass sie dem Sohn kein Leid zufügen durften. Alle Menschen, alle Tiere, alle Steine, sogar die Riesen und die Zwerge schwuren diesen Eid, so dass Frigg überzeugt war, dass Baldur gegen Schmerz und Bedrohung gefeit sei. Es gab einen einzigen kleinen Mistelzweig, der ihr zu unbedeutend schien, als dass er Baldur gefährlich werden könnte, den sie darum auch nicht vereidigte.

Die Mistel ist mit einer tiefen Symbolik verbunden. Den Kelten galt sie, besonders, wenn sie auf Eichen wuchs, als besonders heilig. Sie wurde im Winter mit einem goldenen Messer geschnitten und galt als die „Alles Heilende". In der nordischen Mytholgie wurden ihr neben den schützenden, positiven Kräften auch dämonische Eigenschaften zugesprochen. Das Beziehung stiftende Moment drückt sich darin aus, dass sich bis heute Liebende unter einem aufgehängten Mistelzweig küssen sollen, damit die Beziehung Bestand hat. Im Volksmund wird mit der Bezeichnung Donner- und Hexenbesen ihrem destruktiven Aspekt Rechnung getragen. Damit mag die Mistel wiederum in den Symbolbereich der „Großen Mutter" weisen.

Loki, der schon längst das Verderben der Götter plante, verwandelte sich in ein altes, hinfälliges weibliches Wesen, ein Gegensatz zu der schönen Frigg, die sich leichten Sinnes schmückte. Sie hatte die Unverletzbarkeit ihres Sohnes erreicht und gedachte, bei der spielerischen Erprobung mit ihrer Schönheit im Mittelpunkt zu stehen. Ihre Gefallsucht verrät ein narzisstisches Moment, das weder die potentielle Gefährdung des Sohnes noch die notwendige Selbstkritik im Bewusstsein hat. Sie verrät das Geheimnis der nicht durch Eide gebundenen Mistel an die Alte.

Die Polarität der „Großen Mutter" wird in Friggs Tun offenbar: Einerseits aktiviert sie ihre sorgenden, mütterlichen Empfindungen, indem sie alles einsetzt, um Baldur bestmöglich zu schützen. Andererseits verkörpert sie in der leichtsinnigen Preisgabe des Geheimnisses seiner möglichen Verwundbarkeit den destruktiven Aspekt des Mütterlichen. Eine Parallele findet sich im Mythos um Siegfrieds Tod. Im Bedürfnis, den geliebten Mann bestmöglich zu schützen, verrät Kriemhild die verwundbare Stelle, dort, wo das Lindenblatt den Schutz durch das Drachenblut verhinderte. Darf man seine verwundbare Stelle offenbaren, ohne sich zu gefährden? Es ist eine Frage, die in jeder intimen Beziehung eine Rolle spielt. Kann man sich blindes Vertrauen leisten, oder ist ein Sicherheitsabstand notwendig, der jedoch Hingabe verhindert? Es sind Fragen, die viele Menschen bewegen und nicht selten gravierende Ambivalenz-konflikte offenbaren. Nähe mit dem Garant von Sicherheit gibt es ebenso wenig wie Distanz, die Vertrauen schafft und glücklich macht.

Alle Götter, mit Ausnahme des kritischen Heimdall, griffen Baldur mit allen möglichen Waffen an, ohne dass er getroffen wurde. Auch Thors Hammer fiel wirkungslos vor dem Gott zu Boden. Die zunächst vorsichtige, dann immer ausgelassenere Prüfung der Unverletzbarkeit bekam nahezu manische Züge. Die Gefahr, die von einem heimtückischen Loki ausgehen konnte, war vollständig ausgeblendet. Während dieses zunehmend unbekümmerten Spiels, steht der blinde Hödur wieder im Abseits. Er kann sich nicht beteiligen, weil er seinen lichtvollen Bruder nicht sehen kann. Loki entdeckt hier seine Chance, die zunehmend gehassten Götter zu vernichten. Er weiß, dass mit Baldurs Tod die Macht der Götter gebrochen ist.
Er schmeichelt sich in scheinbarem Mitgefühl bei Hödur ein. In verführerischer Weise veranlasst er ihn, sich jetzt an dem Spiel zu beteiligen. Nichtsahnend folgt Hödur der lockenden Stimme. Loki wählt für ihn die richtige Position, Hödur schießt mit dem Mistelzweig auf den Bruder und tötet ihn.
Entsetzen und Verzweiflung ergreift die Götter. Sie können das Unheil nicht fassen. In der allgemeinen Betroffenheit und Verwirrung fliehen Loki und Hödur.

Was steht aus psychologischer Sicht hinter dieser Verkettung unglückseliger Umstände?

Für Hödur ist Blindheit Mangel, er konnte nichts dafür. Diese Haltung vertreten einige Götter. Jedoch sowohl Odin als auch Heimdall, der unbestechliche Richter, stimmen für Bestrafung. Diese entspricht auch der Gewissensqual Hödurs, der sich in einem hohlen Baum versteckt und sich in seinen Selbstvorwürfen zugrunde richtet, bevor er seinen realen und gewünschten Tod erleidet.

Bereits in der Antike waren die Seher blind. Sie konnten jedoch mit ihren inneren Augen Wahrheiten sehen und verstehen, die den Sehenden verschlossen waren. Ein Beispiel dafür ist der blinde griechische Seher Theresias, der Ödipus mit seiner Schuld, für die er blind war, konfrontierte. Hödur hingegen blieb nur der hilflose Außenseiter. Er erkannte nicht seine Funktion einer vertieften Innenschau, die den Göttern zu einer ganzheitlichen Wahrnehmung ihrer eigenen Persönlichkeiten verholfen hätte.

Es ist für Hödur die Erfüllung eines ersehnten Versprechens, endlich nicht mehr ausgegrenzt zu sein, dazu zu gehören und damit als Gruppenmitglied geschätzt zu sein. Es ist die Sehnsucht, einmal aus dem Dunkel heraus zu treten, die alle kennen, die von der Umwelt als minderwertig und ungenügend abgestempelt werden.

Der blinde Hödur führte neben seinem strahlenden, liebenswürdigen und schönen Bruder Baldur im wahrsten Sinn ein Schattendasein. Steht Baldur im Mittelpunkt des Wahrgenommenseins, ist der Blick auf Hödur verdunkelt, so wie seine Blindheit kein Licht wahrnehmen kann.

Er erscheint so unbedeutend, dass die Edda nichts über ihn zu berichten weiß. Lediglich die tragische Verstrickung mit dem Bruder wird erwähnt.

Hödur steht stellvertretend für ein innerpsychisches Schattenthema. Wie schon Loki zum Träger der negativen Eigenschaften der Götter wurde, die nicht zu ihrer lichtvollen Identität passen wollten, vertritt Hödur in noch stärkerer, symbolisch zu verstehender Form nicht nur den individuellen, sondern auch den kollektiven Schatten als ein Prinzip.

Hödur, als Blinder, lebt äußerlich betrachtet in der Lichtlosigkeit. Damit stellt sich die bewegende Frage nach der Tragik eines schuldlos schuldig Werdens. Hödur hat nicht absichtlich den Bruder getötet. Aber er ließ sich in Verkennung der Realität Lokis von jenen dunklen Eigenschaften leiten und dort zu vertrauen, wo Misstrauen und Zurückhaltung angemessen gewesen wäre. Es ist eine kindliche Naivität, die aus Erwachsenenperspektive hinterfragt werden muss. Zusätzlich mag Hödur eine, seine eigene Persönlichkeit betreffende, Schuld bedrücken. Seine Blindheit ermöglichte ihm eigentlich mit den inneren Augen der Intuition besser zu sehen als ein Sehender. Dass er diese seine Stärke nicht genutzt hat, ist Ausdruck einer inneren Schuld, nämlich der, sich selbst nicht treu zu sein.

Aber auch auf Asgard lastete Schuld, denn ein ehernes Gesetz war gebrochen: Ein Gott hatte einen Gott gemordet. Die Götterdämmerung war nicht mehr aufzuhalten.

Baldur sollte nun mit allen Ritualen bestattet werden. Auf sein Schiff gebettet, wurde ihm sein Pferd zugesellt. Um das Schiff ins seichte Meer zu befördern, genügten jedoch die göttlichen Kräfte, auch eines Thors, nicht. Es brauchte Riesen-Kräfte. um das Schiff auf seine letzte

Fahrt zu schicken. Aber der Tod Baldurs, die zunehmende Götterdämmerung, konnte von den Göttern nicht hingenommen werden. Sie schickten den tapferen Sohn Odins, Hermod, auf dem achtbeinigen Pferd Sleipnir in die Unterwelt zur grausamen Hel, um Baldur auszulösen. Klagen und Verzweiflung der Götter schien sie zu erweichen. So kehrte Hermod mit der hoffnungsvollen Botschaft zurück, dass, wenn alle Menschen, die Riesen und die Zwerge, alle Tiere, alle Pflanzen und alle Steine um Baldur weinten, Baldur erlöst ins Leben zurückkehren würde. Alle folgten diesem Appell und bei den Göttern wuchs die Zuversicht. Nur ein altes Weib meinte, sie habe damit nichts zu tun und sähe keinen Grund, um Baldur Tränen zu vergießen. Schon bald wurde klar, dass Loki in der Gestalt der Alten sein Werk des Untergangs weiter betrieben hatte. So musste Baldur, weil ein einziges Wesen ihn nicht beweinte, in der Unterwelt bleiben. Dass er nicht im Kampf gefallen war, bedeutete auch einen Verlust an Würde und Ehre. Es war ihm verwehrt, nach Walhall zu gehen, um beim letzten Kampf göttliche Kräfte zu beweisen und den Untergang aufzuhalten.

Loki wusste, dass er sich mit dem Tod Baldurs und der Weigerung, ihn zu betrauern, den gnadenlosen Hass der Götter auf sich gezogen hatte. So baute er sich eine Hütte mit vier Ausgängen, um den rachsüchtigen Göttern jederzeit entfliehen zu können. Odin, der Lokis Schlupfwinkel von seinem Hochsitz aus bald entdeckt hatte, machte sich in Begleitung von Thor und Heimdall auf, um den Übeltäter zu bestrafen. Inzwischen knüpfte jener an einem magischen Netz. Im letzten Augenblick nahm er die nahenden Götter wahr, warf das Netz ins Feuer und verwandelte sich in einen Lachs, in der Hoffnung, die Götter würden ihn als einem dem Feuer Zugehörigen nicht im Wasser vermuten.

Kann die Verwandlung in einen Lachs Schlüssel sein, die Vielschichtigkeit Lokis und damit seine Trixteridentität besser zu verstehen?

In der keltischen Symbolik eröffnet sich eine überraschende Dimension: Die Kelten verorteten den Lachs in ihren heiligen Quellen. Seine Identität wurde in die Nähe der Schlange in ihren weisheitsvollen Aspekten gerückt und dem Lachs damit ein ahnendes Erkennen des Jenseits zugeschrieben. (Cooper, 1986, S. 107).

Diese Facette von Lokis Persönlichkeit findet jedoch in seinem Wesen keinen Raum. Er versuchte lediglich mit vielen Tricks dem rächenden Zugriff der Götter zu entkommen.

Diese entdeckten jedoch das halb verbrannte Netz, erkannten die Struktur und knüpften ihrerseits mit Hilfe von Flachsfäden ein gleiches magische Netz, um Loki in Gestalt des Lachses einzufangen. Immer wieder entwischte er ihnen, doch schließlich war es der zupackenden Tatkraft Thors zu verdanken, dass Loki über die Magie seines eigenen Netzes eingefangen wurde, so dass er gezwungen war, sich in seiner menschlich-göttlichen Gestalt zu zeigen.

Da Loki durch normale Fesseln nicht zu halten war, ließ Odin die beiden Söhne, die Loki von seiner Frau Sigyn hatte, herbei bringen und verzauberte den einen in einen Wolf. Dieser verschlang, vom Wahnsinn erfasst, seinen eigenen Bruder bis auf das Gedärm. Hieraus wurden die

Fesseln für Loki gemacht. In drei Steinplatten bohrten die Götter sodann Löcher und legten Loki auf eine erste mit den Schultern, auf eine zweite mit dem Kreuz und auf eine dritte mit den Kniekehlen. Mit den Därmen wurde er, durch einen Zauber bewegungsunfähig gemacht, gefesselt. Eine Schlange oberhalb seines Kopfes träufelte Gift auf sein Gesicht. Einzig Lokis Frau Sigyn zeigte Mitleid und fing mit einer Schale das Gift auf. Allerdings musste sie sie immer wieder leeren, so dass Loki dann dem Gift schutzlos ausgesetzt war. In diesen Augenblicken wand er sich so in seiner Qual, dass die Erde bebte.

Die Dunkelheit, die sich mit Baldurs Tod vermehrt ausbreitete, ist möglicherweise als Ausdruck einer Trauer oder sogar als kollektive Depression der Götter zu interpretieren. Nachdem der Versuch, Baldur auszulösen, gescheitert war und, damit verbunden, auch die Vorstellung zum alten, unbefangenen Leben zurück zu kehren, wäre eine Haltung wichtig, die mit dem Begriff der Trauerarbeit umschrieben wird. Mit der Anerkennung des Verlustes ist eine Phase der Niedergeschlagenheit, des inneren Rückzuges und der Einsamkeit verbunden. Die Melancholie, wie sie schon Dürer bildlich dargestellt hat, schließt in sich die Reflexion über die eigene Sterblichkeit. Loszulassen kann ein quälender Prozess sein, der die Angst vor der Vereinsamung in sich schließt. „Ich fürchte, dass sich niemand mehr für mich interessiert, wenn mein schwerkranker Mann stirbt. Unsere Freunde treten nur als Paar auf. Ob jemand noch an mir als Einzelperson interessiert ist?" So klagte eine 71-jährige Frau. Wenn der eigene Wert von einer Beziehungskontinuität abhängig gemacht wird, sind wir unseren eigenen frühkindlichen Ängsten ausgeliefert. Es fehlt die Überzeugung, dass mein Leben in einer sinnvollen Weiterentwicklung auch in der Zukunft bestehen darf und soll. Ein melancholischer Mensch hat Schwierigkeiten, diese Gewissheit tatkräftig zu verwirklichen. Er bleibt gewissermaßen im engen Kanal des Verlusterlebens stecken und stirbt, bevor er tot ist, angesichts von Hilflosigkeit und psychischer Bewegungsunfähigkeit. Trauer wird jedoch oft vom Gefühl einer Unwiederbringlichkeit, die durch Gefühle der Schuld verstärkt wird, begleitet.

Hatten sich die Götter zu sehr auf Baldurs und damit auch auf die eigene Unverletzlichkeit verlassen? Schien diese Gewissheit in ein kindlich-verantwortungsloses Spiel zu entgleiten, statt sich der eigenen Schattenseite, verkörpert in Loki, bewusst zu sein. Die Erleichterung darüber, dass die gute Große Mutter Frigg in vollkommener Fürsorge in der Lage war, den Gefahr drohenden Tod abzuwenden, scheint so groß zu sein, dass sie sich in zunehmendem Leichtsinn in naiver Allmacht verlieren. Dieses unbekümmerte Verhalten, die Verantwortung abzugeben und sich in Selbstvergessenheit dem Spiel zu überlassen, ist ein angemessenes Verhalten für ein Kind. Aber auch hier ist ein Zuviel an Fürsorge eine ernst zu nehmende Gefahr. Kinder, die in einem Treibhausklima aufwachsen, sind nicht in der Lage, der rauen Luft von Frustrationen Stand zu halten. Sorglosigkeit weicht Hilflosigkeit und kann schnell in Depressionen angesichts der Zumutungen des Lebens münden.

Diese Stimmung breitet sich auch bei den Göttern aus. Hier hilft keine rohe Kraft und auch die Erkenntnis kommt zu spät. Der Niedergang erscheint unausweichlich.

Exkurs: Von Scham, Schuld und Schuldgefühl

Was bedeutet es, beschämt zu sein? Es sind die kindlichen Erfahrungen und damit verbundenen Gefühle, einen Fehler gemacht zu haben und ertappt worden zu sein. So erwecken wir in den Kindern den Eindruck, dass sie voller Fehler sind, während die Erwachsenen ihrerseits über Makellosigkeit verfügen. Wie soll man diese Distanz überwinden? Wie kann man von einem schuldbeladenen Kind zu einem vollkommenen Erwachsenen werden? Umgekehrt trägt man jedoch als Erwachsener häufig das Schuldgefühl mit sich herum, einer Situation, einer Aufgabe, einer Forderung nicht gerecht geworden zu sein. Den Maßstab des uneingeschränkten richtig Seins trägt man als Bürde mit sich herum und verübelt sich jeden Schritt, der von der absoluten Pflichterfüllung abweicht. Man misst sich das als Schuld zu, was zum Menschlichen dazu gehört und dem man nicht ausweichen kann. Schon Goethe bemerkte, dass die Götter den Armen schuldig werden lassen und ihn dann sich und seinen Selbstvorwürfen überlassen.

Warum fällt es uns so schwer, Fehler einzugestehen, ohne sich deshalb zu verurteilen? Können wir uns zugestehen, nicht willentlich, aber doch spürbar, Schuld auf uns zu laden? Dabei geht es nicht um ein absichtlich verletzendes Verhalten, sondern um unser menschlich-allzu menschliches Tun.

Wird nicht viel zu oft Schuld mit Schuldgefühl verwechselt? Schuld setzt immer eine bewusste, schädigende Absicht voraus. Schuldgefühl hat nichts mit konkreter Schuld zu tun, sondern ist Antwort auf einen überhöhten Anspruch auf Perfektion, der jedoch nie zu erreichen ist.

Sich Schuldgefühle zu machen, ist ebenso nutzlos wie egozentrisch, denn die Gedanken kreisen immer um das eigene Ich, das in der Vergangenheit mutmaßlich falsch gehandelt hat. Produktiver ist es, sich, angesichts der Erkenntnis hinsichtlich begangener Fehler, um andere Verhaltensweisen, um andere Konfliktlösungsstrategien zu bemühen. Auch hier ist der Blick rückwärts wiederum eine Sicht der Dinge, die bewegungsunfähig macht. Sich zu sich zu bekennen und gleichzeitig veränderungsbereit zu sein – das ist Verabschiedung von einer Vorwurfshaltung an die eigene Adresse, die einer selbstinszenierten Retraumatisierung gleicht.

Im Gespräch mit einem Jugendlichen in den letzten Stunden der Therapie äußerte er: „Ich frage mich in schwierigen Situationen immer, ob ich das notwendig habe. Dann entscheide ich, ob ich mit ja oder nein antworte. Ich habe es in der Hand, ob mein Denken und Tun meiner Person entspricht, oder ob ich mir selbst gegenüber lieblos bin. Ich will nie wieder mir selbst gegenüber schuldig werden!“

10.
Götterdämmerung

Brüder werden gegeneinander kämpfen und sich den Tod
bringen
Schwesternsöhne werden die Verwandtschaft zerbrechen;
Schlimm ist's in der Welt, viel Ehebruch,
Axtzeit, Schwertzeit, gespaltene Schilde,
Windzeit, Wolfszeit, bis die Welt zu Grunde geht,
kein Mann wird den andern schonen.
(Krause, 2018, S. 22)

Mit drei schrecklichen Wintern kündigte sich der Untergang, Ragnarök, an. Aus allen Himmelsrichtungen schnei-
te es. Frost und Stürme herrschten, während die Sonne
nicht mehr zu sehen war. Es gab keine Sommerzeit, stattdessen Kämpfe auf der ganzen Welt. Es galten keine Bluts-
bande, keine ethischen und moralischen Werte mehr.
Wölfe verschlangen Sonne und Mond, die Sterne ver-
schwanden. Die Erde wurde durch Erdbeben erschüttert,
Bäume entwurzelt, Berge stürzten zusammen, Überschwemmungen drohten. Die äußeren Katastrophen entsprachen den inneren der Götter und Menschen. Die Götter als diejenigen, die vorbildhaft für Recht und Ordnung
standen, die unter der Weltesche für Recht und Gerechtigkeit sorgten, waren wortbrüchig geworden. Sie prellten
den Riesen, der ihre schützende Mauer baute, um den
wohlverdienten Lohn; sie töteten auf dem heiligen Boden
von Asgard den Riesen Tyazi; Götter kämpften gegen
Götter wie Heimdall und Loki und schließlich tötete ein
Gott, Hödur, den Lichtgott Baldur.

Die äußere und die durch die Götter repräsentierte, Halt gebende Innenwelt geriet aus den Fugen. Die Midgardschlange rührte das Wasser auf, eine Sintflut drohte.

Was steht symbolisch dahinter? Lebendiges Leben kann nur gelingen, wenn der Geist für Struktur sorgt. Werte und Wertorientierung sind unverzichtbar, um kreative Kräfte zu mobilisieren. Ein Versinken in der Materie und ein äußeres Abblocken der vitalen Kräfte und Triebimpulse führen früher oder später zum Durchbruch des individuellen und kollektiven Schattens.

Damit verbunden ist das Wissen, dass ein Volk nicht überlebensfähig ist, wenn ein Wertesystem zerbricht, wenn Menschen kein ethisches Bewusstsein mehr haben. In dem Augenblick, in dem nur noch das Recht des Stärkeren gilt, wenn Macht und Besitz dominieren und das spirituelle Moment an Bedeutung verliert, fehlt die tragende Achse unseres Lebens. Dann herrscht Willkür, Regellosigkeit und Lüge, die sich jedoch als Wahrhaftigkeit tarnt. Es herrscht Angst, die wiederum über Aggression abgewehrt wird. Täter werden Opfer, Opfer Täter. Das Ergebnis ist Anarchie.

Im nordischen Mythos wird dieser Verlust eines kollektiven Gleichgewichtes in einer globalen Erschütterung erlebt, die auch die Weltesche Yggdrasil betrifft.

„Bebend steht die Esche Yggdrasil, dumpf dröhnt der alte Baum." Yggdrasil war der Garant dafür, dass gegenläufige Impulse über die starke Mittelachse ausgeglichen werden konnten. Indem das Negative überwiegt, kann der Baum keine Stabilität bewahren und geht mit Ragnarök zugrunde.

Kampf der Götter gegen die Riesen

Heimdall ergreift sein Horn und ruft die Götter zum entscheidenden Kampf gegen die eindringenden Riesen. Der Fenriswolf bäumt sich in seinen Fesseln auf. Die Freveltaten der Menschen geben ihm ausreichend Nahrung seine Fesseln zu zerreißen, Loki kann sich von den Felsplatten befreien. Naglfar, das Totenschiff, beladen mit den Toten aus dem Reich der Hel, sticht in See. Loki steuert ein zweites Schiff, beflügelt von Gefühlen der Rache und Vergeltung. Das Heer der gefallenen Krieger aus Walhall strömt auf den Kampfplatz, begleitet von den Walküren.

Die Götter und Riesen treffen als Repräsentanten archetypischer Kräfte aufeinander:
Freyr, der friedliche Gott der Fruchtbarkeit wird vom Feuerriesen Surt angegriffen. Nachdem er sein Schwert an den Freund weiter gegeben hat, als jener um die schöne Riesentochter Gerd warb, bleibt ihm nur ein Hirschgeweih als Waffe. Damit ist er dem Feuerriesen nicht gewachsen und fällt als erster.
Tyr kämpft mit dem Höllenhund Garm und beide sterben. Loki und Heimdall, die unversöhnlichen Gegner, töten sich wechselseitig. Thor besiegt zwar die Midgardschlange, erliegt jedoch seinerseits ihrem Gifthauch. Odin schließlich hält am längstem dem Fenriswolf stand, wird aber schließlich von seinem gewaltigen Rachen, der Himmel und Erde berührt, verschlungen.
Die zahlreichen Söhne Odins und Thors stürzen sich auf das Untier. Es gelingt ihnen, dessen Maul auseinander zu

reißen, so dass auch es untergeht. Alles liegt im Blut. Ob die Krieger von Walhall, ob die Walküren etwas bewirken konnten, darüber berichtet der Mythos ebenso wenig wie vom Schicksal der Göttinnen.

Ob sie tatsächlich als archetypische Repräsentantinnen der Natur zu verstehen sind und damit Teil haben an Vernichtung und Neuwerdung im ewigen Rhythmus des Lebens?

Surt, der Feuergott von Muspelheim, vollendet den Untergang. Er schleudert Feuerbrände über die Welt, so dass alles in Flammen aufgeht. Die glühende Erde versinkt im Meer. Die alte Welt geht unter. Erneut ist Chaos.

Auferstehung. Ein neues Leben beginnt

Und doch, nicht alles stirbt. Die Söhne Odins und Thors, das nächste mutige Geschlecht, hat, versteckt in Höhlen und unter Felsen, den Weltenbrand überlebt.

Zögernd und staunend kommen sie hervor und sehen eine sich langsam entfaltende neue Welt. Die Sonne hat eine Tochter, die schnell zum beherrschenden Gestirn wird. Mond und Sterne haben sich den verschlingenden Wölfen entwunden, frisches Gras keimt und Adler ziehen ihre weite Bahn am neu entstandenen Himmelsgewölbe. Die Weltesche Yggdrasil ist zwar untergegangen, jedoch aus dem Wurzelstock keimt neues Leben. Und nahe bei den Wurzeln der Yggdrasil hat ein Menschenpaar überlebt, das Hoffnung und Zuversicht weckt.

Aus dem zerborstenen Reich der Hel bewegen sich zögernd zwei weitere Gestalten ins Freie. Es ist der Lichtheld

Baldur und sein blinder Bruder Hödur, der schuldlos schuldig Gewordene. Zwietracht, Kampf und Schwertergeklirr sind verschwunden. Ein neues Leben bricht sich Bahn. Diese Wandlung zeigt auch Asgard: In der Festhalle hängen nicht mehr Schwerter als Symbol für Kampf und Auseinandersetzung, sondern alles ist mit frischem Grün und leuchtenden Blumen geschmückt. Die neue Generation bekennt sich wieder zu einer göttlichen Ordnung, die an die alte Fruchtbarkeits-Religion der Wanen anknüpft. Unter den Spuren von Ragnarök finden die jungen Götter, wie eine Bestätigung, die lang zurück liegende, positive Vergangenheit, die vergessenen goldenen Spielsteine. Sie nehmen die alten Riten wieder auf und erkennen die heilenden Kräfte im zweckfreien, selbstvergessenen Spiel.

„Dort werden sie wieder die wunderbaren goldenen Tafeln im Gras finden, die sie in Urzeiten besessen haben. Sie sieht ein zweites Mal aufsteigen die Erde aus dem Meer, die neu ergrünte; Wasserfälle stürzen, darüber fliegt der Adler, der auf dem Felsen Fische jagt" (Krause, 2018, S. 26).

Wachsen und Werden, sich entfalten und sich dem Licht zuwenden, wird zur neuen Heilslehre. Darin eingeschlossen ist jedoch das Wissen, immer wieder auch ins Dunkle zurückzukehren. Hier liegt die befruchtende Kraft eines erneuten Werdens. Es mag vergleichbar sein mit der ägyptischen Überzeugung, dass der Tod zu einem neuen fruchtbaren Leben geleitet, in einer endlosen und immer neuen Entwicklungsspirale. Dann wird deutlich, warum Osiris der ägyptische Fruchtbarkeitsgott, zum Totengott werden

musste. Nur so ist der Kreislauf des Lebens, das den Tod
einschließt und überwindet, gesichert.

Und so scheint auch C. G. Jung an diese mehr als dreitau-
send Jahre alte Erkenntnis anzuknüpfen: Nur das Eintauchen in das individuelle und kollektive Dunkel der Seele
verhilft dieser zu lebendigem Wachstum. Mit der Integra-
tion des Dunklen verliert das Unbewusste seine bedrohliche Macht und wird zur Kraftquelle von Phantasie und
Kreativität. Gegensätze schließen sich nur scheinbar aus.
Sie fügen sich immer neu zusammen zum archetypischen
Gesetz der inneren Harmonie. Sie mag sich in Hoffnung
und Zuversicht darstellen, aber auch in einer Gelassenheit,
die nichts mit Resignation zu tun hat. Am schönsten hat
dies der Kaiser Marc Aurel ausgedrückt: „Arbeite an deinem Inneren, da ist die Quelle des Guten. Eine unversieg-
bare Quelle, wenn du nur immer nachgräbst."

Exkurs: Endzeitstimmung, Verzicht und
Hoffnung, Aufbruch in die Freiheit

Immer wieder begegnen wir den Verkündern einer
schwarzen Zukunft. Schon oft sollte die Welt untergehen.
Katastrophen werden voraus gesagt und düstere Progno-
sen spiegeln eine zutiefst pessimistische Weltsicht.

Natürlich ist die aktuelle Lage angesichts unserer rücksichtslosen Ausbeutung der Ressourcen, des unbekümmerten Umgangs mit dem Atommüll hochproblematisch.
Wir gehen mit Tausenden von Jahren um, die für uns
kaum vorstellbar sind. Die ältesten Höhlenzeichnungen
sind 35 000 Jahre alt. Der Atommüll wird 100000 Jahre

220

strahlen. Was hinterlassen wir unseren Nachkommen? Werden sie die existentiellen Gefahren, die wir ihnen als Erbe hinterlassen, sorglos aufnehmen, wenn sie Felsen aufbrechen und unsere in Kupferbehältern aufgehobenen, lebensgefährlichen Hinterlassenschaften ahnungslos untersuchen? Gab uns Corona bei aller Bedrohlichkeit eine Atempause, um den Aufschrei der Natur wahrzunehmen? Sollten wir unser destruktives Tun als selbstgefährdende Aktionen endlich ernst nehmen? Alle Konferenzen, Debatten, Diskussionen, Aufrufe, die Umwelt, die Vermüllung, den Plastikwahnsinn ernst zu nehmen, waren erfolglos. Ein kleiner Virus hat es geschafft, uns zum Einhalten, zum Verzicht zu zwingen. Und nur über ein Umdenken, über die Entwicklung einer kollektiven Verantwortung kann sich ein kleiner Hoffnungsschimmer am Himmel der Verzweiflung und Resignation abzeichnen. Und mit der Hoffnung nähern wir uns dem Bereich der Transzendenz. Es ist der Ort, an dem sinnlich zu erfassende Realität keine Gültigkeit mehr hat, sondern wo ein ahnendes Wissen von der Unbesiegbarkeit des Lebens weiß. Dieses Wissen entzieht sich einer klaren Aussage, weil sich unsere Sprache im Wesentlichen am sinnlich Wahrnehmbaren orientiert. Vielleicht ist es das geistige Prinzip, das in dem Augenblick wirksam ist, wenn Wandlungsbereitschaft auftaucht. Es ist der schöpferische Impuls der neue Wege findet, wenn uns Zukunftsängste überfluten.

Es ist der Zusammenklang von bewussten und unbewussten Inhalten, die Fähigkeit, individuell und kollektiv einen Zustand innerer Harmonie zu erreichen.

„Leben in neuen begnadeten Augenblicken, in denen mir niemand die Freude nimmt, selbst etwas zu schaffen, oder etwas zu sehen, was andere geschaffen haben“ (Mankell, 2015, S. 381).

Mankell skizziert damit eine neue Freiheit, die von einem seiner selbst bewussten Ich bestimmt wird. Der Mensch ist nicht an ein Schicksal ausgeliefert, das ihm keinen eigenen Spielraum erlaubt, selbst wenn einst Calvin eine fatalistische Weltsicht gepredigt hat. Der Mensch ist autonom und kann sich zu einem selbstbewussten Bekenntnis zu dem, was ihm wichtig ist und was er verwirklichen möchte, entscheiden. Statt sich einer Zu-mutung des unwägbaren Schicksals klaglos zu unterwerfen, gilt es, den persönlichen Mut zu entwickeln, sich auf die eigenen Gestaltungsmöglichkeiten zu besinnen. Das ist jedoch nicht allein durch den Einzelnen zu verwirklichen; stattdessen brauchen wir andere, Gleichgesinnte, die sich für ein Gemeinwohl einsetzen wollen. Globale Kontakte, eine Vernetzung gemeinsamer Interessen soll nicht nur der Wirtschaft dienen, sondern einer progressiven Entwicklung, die das Leben in all seinen positiven Facetten verwirklichen und schützen will. Das bedeutet, ein „Ja“ zu Veränderung, zu Wachstum und progressiver Entwicklung zu wagen. Aber diese Haltung zwingt zur Übernahme von Verantwortung, wenn wir an einer positiven Zukunft für uns und unsere Kinder bauen wollen. Wir haben die Freiheit, zunächst die realen Möglichkeiten zu prüfen und uns danach zu einer Realisierung zu entschließen. Voraussetzung ist die Notwendigkeit, selbst erfahren zu haben, dass ein Ich in Freiheit entscheiden kann. Zum anderen schließt Entscheidungsfreiheit nach Bieri in sich, dass ich jederzeit eine irrtümlich eingenommene Position korrigieren oder sogar vollkommen in

Frage stellen kann. Ich habe die Freiheit, mit Hilfe meines Willens eine autonome Haltung einzunehmen.

Diese Formen der Freiheit orientieren sich an der Realität. Und diese Tatsache führt oft zur Resignation. „Was kann man da schon machen", ist häufig der Stoßseufzer.

Aber als wertvolles Geschenk haben wir die Fantasie. Wir können uns ausmalen, wie Freiheit eines Einzelnen und eines Kollektivs aussehen kann. Die Fantasie eröffnet den Zugang zu kreativen Einfällen, die neue und ungewöhnliche Wege gangbar machen. „Die Offenheit der Zukunft, die wir für die Freiheitserfahrung brauchen, liegt im Spiel der Einbildungskraft…nur vorgestellte Möglichkeiten nutzen etwas." (Bieri, 2007, S. 284)

Das bedeutet, dass wir die Freiheit besitzen, Lösungen auszufantasieren und daran zu glauben, dass Verwirklichung möglich ist. Sind wir bereit, uns darauf einzulassen? Dann könnte das Leben in seiner ständigen Forderung nach Veränderung und Neuwerdung wieder zu einem spannenden Abenteuer werden.

Die Weisheit der archetypischen Mythensprache und die visionären Gedanken C. G. Jungs wollen dazu eine Lebenshilfe anbieten, nicht mehr, aber auch nicht weniger.

LITERATUR

Bächthold-Stäubli,H. (Hrsg.) (1987). Handwörterbuch des Deutschen Aberglaubens. Berlin: de Gruyter

Betz, Otto. (1989). Das Geheimnis der Zahlen. Symbolik, Mythologie, Deutung. Freiburg: Kreuz

Bieri, P. (2007). Das Handwerk der Freiheit. (7. Auflage). München: Casper Hanser

Bischof, E. (o.J.). Mystik und Magie der Zahlen. Köln: Komet

Brisch, K. H. (1999). Bindungsstörungen. Stuttgart: Klett-Cotta

Bowlby, J. (2006). Bindung. München: Erst Reinhardt

Busch, W. (2008). Kritik des Herzens. Renningen: Garant

Dahn, F. und T. (2010). Germanische Götter- und Heldensagen

Endres, F. C., Schimmel, A. (1984). Das Mysterium der Zahl. München: Hugendubel

Euripides (1984). Sämtliche Tragödien. Stuttgart: Lion § 45 Kröner

Fontane, T. (1984). Deutsche Gedichte II. (4. Auflage). Frankfurt: Insel

v. Gersdorff, D. (2012). Caroline von Humboldt. Berlin: Insel

Genzmer, F. (1933). Die Edda. Jena: Eugen Diederichs

Greene, L., Sharman-Burke, J. (2004). Die mythische Reise. München: Atmosphären

Goethe, J. W. (1941). Maximen und Reflexionen.

Leipzig: Köhler & Amelung

Goethe, J. W. (1986). Faust, der Tragödie erster Teil.
Stuttgart: Philipp Reclam jun.

Grimm, J. (1939). Deutsche Mythologie. Wien-Leipzig: Bernina

Herder, J. G., (1844). Ausgewählte Werke.
Stuttgart, Tübingen: J. G. Cotta'scher Verlag

Harenberg, B. (1997). Lexikon der Sprichwörter und Zitate.
Dortmund: Harenberg

Herrmann, P. (2009). Nordische Mythologie. (7. Auflage).
Berlin: Aufbau

Hüther, G. (2016). Männer, das schwache Geschlecht und sein Gehirn.
Göttingen: Vandenhoeck

Jaffé, A. (1984). Erinnerungen, Träume, Gedanken von C. G. Jung.
(Hrsg.) Olten: Walter

Jaspers, K. (2020) Die geistige Situation der Zeit (Ausgabe 4).
Berlin: de Gruyter

Jung, C. G. (1973) Gesammelte Werke. Olten: Walter

Koch, K. (1967). Der Baumtest Bern: Huber

Krause, A. (2018) (Hrsg.). Die Götterlieder der Älteren Edda.
Ditzingen: Reclam

Krause, A. (2010). Reclams Lexikon der germanischen Mythologie
und Heldensagen. (2. Auflage). Stuttgart: Reclam

Kühn, M. (2012) Johann Gottlieb Fichte. München: C. H. Beck

Laiblin, W. (1995) Hrsg. Märchenforschung und Tiefenpsychologie.

(5. Auflage). Darmstadt: Wissenschaftliche Buchgesellschaft

Lauxmann , F. (2003). Das philosophische ABC, Neue Wege zu alten Einsichten. (2. Auflage). München: dtv

Leander, R. (1899). Sämtliche Werke. Leipzig: Breitkopf und Härtel

Lewin, W. (2007). Nordische Göttersagen. Bindlach: Loewe

Lurker, M. (1991) Wörterbuch der Symbole. (5. Auflage). Stuttgart: Kröner

Marc Aurel (2014). Wege zu sich selbst. Berlin: Insel Verlag

Mankell, H. (2015). Treibsand. Wien: Zsolnay

Menuhin,Y. (1989). Ich bin fasziniert von allem Menschlichen. München: Piper

Musäus, J. K. A. (1978). Volksmärchen der Deutschen. Wiesbaden: Ebeling

Nietzsche (1982). Also sprach Zarathustra. (7. Auflage). Berlin: Insel

Nizami (1959). Die sieben Geschichten der sieben Prinzessinnen. Zürich: Manesse

Obleser, H. (1993). Odin. Psychologischer Streifzug durch die germanische Mythologie. Waiblingen: Stände

Precht, R. D. (2021). Von der Pflicht. (2. Auflage). München: Goldmann

Rafalski, M. (2018). Empfinden, Intuieren, Fühlen und Denken, die vier Grundfunktionen in Psychotherapie und Individuation. Stuttgart: Kohlhammer

Richter, H. E.(1976). Flüchten oder Standhalten. Reinbek: Rowohlt

Roesler, C. (2016). Das Archetypenkonzept C. G. Jungs, Theorie, Forschung und Anwendung. Stuttgart: Kohlhammer

Ronnberg, A. (2011) (Hrsg.). Das Buch der Symbole. Köln: Taschen

Safranski, R. (2015). Zeit. München: Hanser

Simon, E (1998). Die Götter der Griechen

Simrock, K (1876). Die Edda, mythische Erzählungen der Stalda. (6. Auflage) Stuttgart: Cotta

Sophokles (1954). Oidipus auf Kolonos. Ditzingen: Reclam

Stell, D. (205). Die Einweihungen der Pharaonen. Darmstadt: Schirmer

Tripp, E. (1991). Reclams Lexikon der Antiken Mythologie. (3. Auflage). Stuttgart: Reclam

Vollmer, W. (1874). Wörterbuch der Mythologie. Leipzig: Reprint

Wohlleben, P. (2005). Das geheime Leben der Bäume. Rottenburg: Kopp